Comer

FUNDAÇÃO EDITORA DA UNESP

Presidente do Conselho Curador
Mário Sérgio Vasconcelos

Diretor-Presidente
Jézio Hernani Bomfim Gutierre

Superintendente Administrativo e Financeiro
William de Souza Agostinho

Conselho Editorial Acadêmico
Danilo Rothberg
Luis Fernando Ayerbe
Marcelo Takeshi Yamashita
Maria Cristina Pereira Lima
Milton Terumitsu Sogabe
Newton La Scala Júnior
Pedro Angelo Pagni
Renata Junqueira de Souza
Sandra Aparecida Ferreira
Valéria dos Santos Guimarães

Editores-Adjuntos
Anderson Nobara
Leandro Rodrigues

Paolo Rossi

Comer
Necessidade, desejo, obsessão

Tradução
Ivan Esperança Rocha

© 2011 by Società editrice il Mulino, Bologna
© 2012 Editora Unesp
Título original: *Mangiare: bisogno, desiderio, ossessione*

Direitos de publicação reservados à:

Fundação Editora da Unesp (FEU)
Praça da Sé, 108
01001-900 – São Paulo – SP
Tel.: (0xx11) 3242-7171
Fax: (0xx11) 3242-7172
www.editoraunesp.com.br
www.livrariaunesp.com.br
atendimento.editora@unesp.br

CIP – Brasil. Catalogação na publicação
Sindicato Nacional dos Editores de Livros, RJ

R743c

Rossi, Paolo, 1923-
　　Comer: necessidade, desejo, obsessão / Paolo Rossi; tradução Ivan Esperança Rocha. – 1.ed. – São Paulo: Editora Unesp, 2014.

　　Tradução de: *Mangiare: bisogno, desiderio, ossessione*
　　ISBN 978-85-393-0534-6

　　1. Alimentos – História. 2. Hábitos alimentares – História. I. Título.

14-13044
　　　　　　　　　　　　　　　　　　　　　　CDD: 641.3
　　　　　　　　　　　　　　　　　　　　　　CDU: 641.5

Editora afiliada:

Asociación de Editoriales Universitarias
de América Latina y el Caribe

Associação Brasileira de
Editoras Universitárias

Sumário

Evocações 7

I. Sobre este livro 13
II. Ideias 17
III. Natureza 19
IV. Cultura 23
V. O comer: entre natureza e cultura 29
VI. O jejum 35
VII. O jejum e a santidade 45
VIII. A fome 53
IX. Greves de fome 69
X. Canibais 75
XI. Vampiros 91
XII. A obsessão pela comida 101
XIII. Apocalípticos da globalização 107
XIV. Primitivismo 115
XV. A comida foi genuína algum dia? 123
XVI. O cérebro guloso e a obesidade 131

XVII. As doenças ao longo dos tempos   139
XVIII. O culto de Ana   143
XIX. A moda e a magreza   153

Referências bibliográficas   163
Índice onomástico   171

Evocações

No início da década de 1930, quando frequentava a escola primária, eu presenciava diariamente (enquanto esperava minha irmã) a saída de vários grupos de colegas. Lembro-me de que em cada grupo havia dois ou três meninos de boa aparência. Os outros eram, como se esperava, espertos, barulhentos e vivazes, mas (para dizer a verdade) feinhos: baixinhos, um pouco desnutridos, com joelhos avantajados que se destacavam nas pernas finas. Nestes primeiros anos do novo milênio, a setenta anos de distância (em finais de primavera e já no verão, quando me encontro na Úmbria), deparo com grupos de crianças do jardim da infância que gentis professoras levam para passear pelas ruas de Trestina. Esses momentos me fazem pensar que no curso da minha vida, e de tantas outras, essa situação mudou completamente. Hoje, esses grupos são compostos geralmente por apenas duas ou três crianças que não poderíamos definir como "bonitas". Todas as outras parecem triunfantes vencedoras de um concurso de beleza infantil. Esse quadro se deve ao fato de vivermos num lugar do mundo e num país no qual existe, para a maioria das pessoas, uma abundante disponibilidade de alimentos.

A palavra *comer*, aparentemente neutra, inofensiva e prazerosa (quando tudo vai bem), encontra-se no centro do pensamento cotidiano e da vida de todos aqueles que não conseguem comer o suficiente. A dificuldade de conseguir o que comer e de alimentar os próprios filhos transformou e continua a transformar num inferno a vida de muita gente. Mas mesmo onde todos têm o que comer encontro pessoas que, para comer alguma coisa, precisam remexer sacos de lixo, e também encontramos jovens para quem o comer tornou-se um inimigo e uma obsessão diuturna, algo que se torna um obstáculo e não um apoio à vida, fazendo crescer dentro de si uma cega obstinação e um infatigável e destrutivo desejo de controle total. Encontramos também pessoas mais velhas e desesperadas que não conseguem perceber que um filho optou por morrer e não por usufruir da vida.

Muitos europeus que fazem parte da minha geração morreram de fome, ou viveram períodos mais ou menos prolongados de fome em lugares onde se comia praticamente apenas cascas de batatas. Também aqueles que (como eu) não passaram por essas experiências se lembram de coisas que (raramente) permanecem na memória dos que nasceram após os anos 1950. Tenho, por exemplo, uma viva lembrança de meu pai, que, durante a guerra, se levantava às quatro da manhã para evitar as longas filas que se formavam diante do açougue para conseguir levar para casa meio quilo de fígado bovino ou de ubre de vaca. Lembro-me também dos selos dos cupons do pão e lembro-me também de que eu e minhas irmãs assistíamos com total inconsciência à transformação de minha mãe (que abria mão da sua ração de pão para dá-las aos filhos), um tanto acima do peso, em uma pessoa muito magra. Lembro-me especialmente de que toda a minha família viveu o fim de um pesadelo ao deslocar-se para a Úmbria, onde não era difícil encontrar frangos, ovos, queijo e outros tipos de alimento.

Sei que existe uma retórica da memória. Li "Funes, o Memorioso" de Jorge Luis Borges e sei que é uma sorte não poder lembrar-se de tudo. Sei também que lembrança e esquecimento estão intimamente ligados e que na memória permanecem aqueles traços inquietantes que, há mil e quinhentos anos atrás, faziam Agostinho exclamar: "É grande e pavorosa esta força da memória, ó meu Deus, uma profunda e quase infinita multiplicidade".[1] Eu mesmo dediquei dois livros às artes da memória e ao vínculo entre memória e esquecimento. Mas reconheço o risco de embrenhar-me na estrada, sempre muito escorregadia, da autobiografia, e por isso quero justificar o meu interesse pelo tema que aqui tratarei.

No início da década de 1970, minha mulher, eu e meus filhos frequentávamos a então chamada villa Dragoni, nas imediações da Città di Castello, assim como o grupo rumoroso (e politicamente insuportável) de minhas cinco adoráveis sobrinhas, composto pelas irmãs Flaminia, Sandra, Paola, Giovanna e Carla Bizzarri. Do grupo também faziam

---

1 Agostinho, *Confissões*, X, 17.

parte minha filha Anna e Laura Dalla Ragione, filha de Livio (1922-2007), que atuou como *partigiano* na Úmbria e depois como voluntário na divisão Cremona, um dos fundadores da arqueologia arbórea,[2] e que foi, desde os anos da guerra, um dos meus amigos mais queridos. Laura lia muito mais que suas colegas de idade, e tinha decidido desde aquele momento estudar medicina e especializar-se em psiquiatria. Trabalhou por muitos anos nos serviços psiquátricos da Úmbria e criou, em 2004, no palácio Francisci di Todi, a primeira estrutura pública residencial e extra-hospitalar dedicada ao tratamento de transtornos do comportamento alimentar. Tornou-se uma das mais respeitadas e ouvidas especialistas sobre tais transtornos e criou outros centros de atendimento também na Basilicata e na Lombardia. Ela me pediu para ler o manuscrito de seu primeiro livro, intitulado *La casa delle bambine che non mangiano: identità e nuovi disturbi del comportamento alimentare* [A casa das meninas que não comem: identidade e novos transtornos do comportamento alimentar],[3] e solicitou que eu escrevesse o prefácio. Escrevi em umas vinte páginas a história das ideias sobre o tema "comer". Inseri-as no texto que segue e não atenuei os tons polêmicos ali presentes. Isso eu havia tentado fazer, particularmente, em relação à teóloga e poetisa Adriana Zarri, mas recuei quando soube de sua morte, em novembro de 2010. Nessa ocasião, eu li seus versos tocantes que excluíram essa tentação:

---

2 Dalla Ragione, L.; Dalla Ragione, I., *Arboreal Archaeology. A diary of two fruit explorers*.

3 Dalla Ragione, L., *La casa delle bambine che non mangiano: identità e nuovi disturbi del comportamento alimentare*.

Sobre o túmulo, não coloquem o frio mármore/ coberto com as mentiras de sempre/ para consolo dos vivos./ Deixem apenas a terra/ que escreva na primavera uma epígrafe de erva.

Desde os tempos em que convivi com Enzo Paci e Franco Fornari, em Milão, sempre li muitos livros sobre psiquiatria, mas uma coisa é ler livros, e outra, aproximar-se das pessoas. Entre as pessoas que conheci, ou que vi crescer, encontrei também quem se deixou vencer pela tentação do domínio total de seu corpo e que não conseguiu se livrar da trágica experiência da anorexia. Talvez fosse por isso, por ter sido roçado pela asa de uma morte atraída por criaturas jovens e inconscientes, que concordei em desenvolver o tema deste livro e a escrever aquele prefácio. Talvez fosse por isso também que estive duas vezes no Centro Psiquiátrico de Todi. Deparei ali com um ambiente capaz de acolher uma pessoa que reconhece estar profundamente debilitada mesmo sem ter consciência disso. Muitos desses pacientes interpretam as preocupações dos outros como uma ingerência indevida em relação a uma opção que consideram válida, consciente e inegociável: com frequência reagem duramente, transformando o sofrimento em agressividade, e escondem por trás de uma atitude arrogante uma profunda incerteza sobre a sua identidade. No entanto, muitas vezes, se dão conta da existência de um problema e que precisam de ajuda. Às vezes, chegam a solicitar essa ajuda, e pedem para não serem deixados sozinhos. O projeto terapêutico, que requer o compromisso de muitos e uma colaboração contínua e efetiva entre diversas competências, se embasa na existência de um tipo de pacto entre a instituição e a (ou o) paciente. É um mundo onde tudo é delicado e difícil, onde há muita dor oculta e onde é necessário, para aqueles que se envolvem nisso, aprender a lidar, no dia a dia, com a angústia que emerge do contato com o sofrimento de pessoas geralmente muito – e eu diria excessivamente – jovens.

Dedico este livro à memória de Livio e a Laura e seus colaboradores da Città di Castello e de Todi.

I
Sobre este livro

Como já mencionei, há vários significados para a palavra, ou melhor, para a ideia de *comer*. Os melhores dicionários (aqui faço referência ao *Dizionario italiano* editado por Tullio De Mauro) elencam diferentes e variados sentidos. Ingerir elementos sólidos ou semissólidos mastigando-os ou engolindo-os, fazer uma refeição, utilizar como alimento, comer um prato preparado de certa maneira, mastigar ou roer (as traças comeram uma blusa), corroer (a ferrugem comeu a grade), consumir um combustível (o carro "come" pouca gasolina), dissipar (comeu a herança da tia), receber ilicitamente (comer o dinheiro público). A palavra *comer* também é usada em jogos como damas ou xadrez e também para indicar conhecimento de algo.[1]

---

1 Algumas frases foram suprimidas, por não terem sentido em português. (N. T.)

Se não podemos ingerir líquidos ou alimentos, estamos condenados a morrer. O uso contínuo e persistente das metáforas alimentares foi considerado por muitos como um sinal de que elas, seja quando se referem a objetos que amamos ou a objetos que odiamos, aludem a desejos arraigados e emoções profundas. É importante perceber a multiplicidade e variedade de sentimentos que estão por trás das expressões relacionadas com o ato de comer: comer com beijos,[2] comer com os olhos, mas também: não consigo tragá-lo, engoliu um sapo, mastiga um pouco de latim, comeu veneno, tem sede de conhecimento, tem fome de cultura, o alimento espiritual, o alimento da alma, devorar um livro, conceitos bem digeridos, o livro contém relatos picantes, este outro por sua vez é muito insípido, faz comentários ácidos, usa metáforas deliciosas, os amantes sussurram doces palavras, o autor faz amargas considerações, aquele cara bebe todas, gostaria de saber qual é o caldo da história, o seu artigo é um prato requentado, isto eu não engulo, ele levava em banho-maria, saiu do espeto e caiu nas brasas, esse cara é um maria-mole, é uma pessoa desgostosa, ele vomita insultos, ele cospe no prato que come, o texto é uma sopa de letrinhas, muita fumaça e pouca carne, ele é um pão, essa menina é um doce, isto ficou entalado na minha garganta, era uma pílula amarga, bebeu um cálice amargo, ficou apenas com a cereja do bolo, ele vai comer poeira.

Muitas dessas metáforas e expressões pouco têm a ver com o prazer de um bom prato, mas sim com julgamentos, às vezes, muito ríspidos. A ideia

---

2 No sentido de cobrir de beijos. (N. T.)

de comer oscila entre a agradável obviedade cotidiana (que pode também ser entendida como um gozo refinado ou refinadíssimo) e a trágica obsessão que a escassez ou a falta de alimentos causou e causa em muitos seres humanos. E há alguns que decidiram, conscientemente, morrer de fome. A nossa civilização possui uma tradição cultural e artística que não inclui apenas *Dioniso devorado pelos Titãs* ou o quadro de Francisco de Goya *Saturno devorando seu filho*. Nosso passado é repleto de fábulas povoadas por ogros canibais que amedrontaram e encantaram muitas crianças.

Neste pequeno livro também me movo no terreno da história das ideias – minha grande seara desde meados do século XX. A história, ou melhor, as muitas histórias que procuro narrar aqui são repletas de coisas agradáveis, mas também de horrores, às vezes, inimagináveis. Resultam de um emaranhado de coisas que não deviam estar juntas, que não queremos ver relacionadas, mas que desgraçadamente se misturam. Não deparamos apenas com os rostos de crianças famintas que se assemelham aos de estranhos e trágicos velhinhos, mas também com os *serial killers* que se nutrem dos corpos de suas vítimas; com os jejuns das santas que chegam ao paroxismo, e hoje, com o extraordinário êxito, entre os jovens, das histórias de vampiros; com os corpos dos obesos inchados de gordura e com os corpos mirrados e esqueléticos das meninas (e das modelos) anoréxicas. Junto com a filosofia hedonista do *slow food*, que dita as regras de uma alimentação ideal, se apresenta o obscurantismo do culto de Ana, uma divindade monstruosa que apresenta a anorexia como sinal de uma escolha heroica e como uma forma superior de vida, ajudando a sedimentar o mito de uma alimentação saudável absolutamente correta que distingue (de forma exagerada e obsessiva) os alimentos certos, saudáveis e positivos dos alimentos perigosos.

A propósito desta maldita relação, lembro-me de que em 1998 fiquei muito impressionado com uma observação que encontrei no livro sobre a árvore da cocanha de Eleonora De Conciliis:[3] quando comemos, a palavra "matar" parece completamente fora de lugar, inoportuna e totalmente "errada", como se não tivesse absolutamente nada a ver com o que estamos tranquilamente fazendo toda vez que comemos carne. Nesses momentos – como corretamente escreveu Marguerite Yourcenar – digerimos serena e pacatamente "as agonias" dos seres viventes.

Agradeço minha esposa Andreina, Mario Monti Rossi, Stefania Nicasi, Mirella Brini, Giorgio Bartolozzi e Marco Segala pelas sugestões. Um agradecimento especial a Alessia Graziano e Roberto Bondì (antigos colegas que se formaram comigo, *cum laude*) por suas valiosas contribuições para meu texto.

---

3 De Conciliis, Nutrirsi dell'altro. Viaggio antropologico nell'inconscio alimentare. In: Coppola; D'Alconzo; De Conciliis, *L'albero della cuccagna. Il cibo e la mente*, p.93-166.

II
Ideias

As ideias brotam da vida, mas são capazes de distanciarem-se dela. Adquirem uma existência própria e autônoma. Elas se desenvolvem a partir de si mesmas, se difundem às vezes com grande velocidade (como nas epidemias), outras vezes muito lentamente, alternando períodos de dormência e de súbitas acelerações. Dificilmente se extinguem sem deixar vestígios. Estão sujeitas a mutações e se inserem nos processos evolutivos da cultura. As ideias têm sua força: tornam-se formas de pensamento e geram comportamentos. Por meio de processos às vezes muito lineares, outras vezes extremamente complicados, afetam a vida e o destino dos indivíduos e os modificam. Num primeiro momento novas e até mesmo subversivas, muitas ideias com o tempo se tornam corriqueiras. Elas se transformam também em *lugares-comuns,* com uma aceitação pacífica, e são repetidas à exaustão, com uma grande e quase inacreditável monotonia.

O conformismo das ideias – quando se tornam lugares-comuns – ganha uma viscosidade que se compara àquela presente nas instituições (e na burocracia, que é a mais viscosa das instituições). As argumentações contrapostas às ideias na moda não são levadas em consideração. São rechaçadas com um gesto de aborrecimento. Há um desprezo por quem se distancia dos lugares-comuns que prevalecem em uma sociedade ou em um grupo social. O pertencimento das ideias ao setor das ideias "progressistas" ou ao setor dos chamados "lugares-comuns" não é definido *a priori* nem pela forma das ideias, e nem mesmo por seu conteúdo. Portanto, não se exclui o fato de que, antes de se tornarem lugares-comuns ou mesmo antes de serem eliminadas como superstições, determinadas ideias tenham exercido uma função historicamente importante e até mesmo, em mais de um caso, historicamente progressista.

III
Natureza

O termo *natureza* (para quem gosta de jogos de palavras) não pertence ao gênero natural, mas ao gênero cultural. Isto quer dizer que denota um objeto que não pode ser facilmente determinado. Falamos de um *estudo da natureza* e entendemos um conjunto de fenômenos ordenados, uma realidade pautada por leis; de *defesa da natureza* e entendemos o ambiente modificado pelos seres humanos; de *natureza criadora* e entendemos uma espécie de personificação como se nos referíssemos a uma deusa benéfica (ou maléfica). Mas falamos também da natureza feroz dos tigres, da natureza afetuosa dos cães samoiedos, de homens generosos por natureza ou de uma pessoa de natureza contemplativa. Aqui nos referimos a algo de inato, de instintivo, não cultural ou pré-cultural. Aqui *natureza* parece contrapor-se fortemente a *cultura*. As oscilações linguísticas são pavorosamente amplas: o termo *natureza* foi usado como eufemismo para órgãos genitais (sobretudo femininos) e fala-se em *natureza-morta* para referir-se a um gênero de pintura. No dicionário *Riguti Fanfani, natural* tem o significado de "habitante originário de um país", como na expressão, que hoje ninguém mais usaria, "os naturais do Egito". Se passarmos do dicionário de Tullio De Mauro para um de filosofia, as coisas acabam se complicando ainda mais. Nicola Abbagnano distingue entre quatro conceitos. A natureza como princípio de vida e de movimento (Aristóteles define a natureza como *a substância das coisas que possuem o princípio de movimento em si mesmas*); a natureza como ordem e necessidade vinculada à ideia de uma lei natural; a natureza como espírito diminuído ou imperfeito, como espaço exterior, acidental e mecânico; a natureza como campo das técnicas da percepção e da observação à disposição do saber. O *Oxford Companion to Philosophy* diz coisas bem diferentes. "Natureza" possui três significados: refere-se ao universo e o que ele contém; refere-se ao mundo do vivente (passado e presente) em oposição ao não vivente; e refere-se ao que é independente da atividade dos seres humanos. O *Cambridge Dictionary of Philosophy* traz os termos "naturalismo", "lei natural", "epistemologia naturalista", "filosofia natural" e "religião natural", mas (não entendo por quê) considerou inútil e filosoficamente supérfluo o termo "natureza". Na *Filosofia* da editora Garzanti o tema é desenvolvido em três parágrafos: natureza e ordem do mundo; natureza como máquina; e as relações entre natureza, espírito e história.

Não há sentido algum em percorrer este caminho. Por trás dos termos escolhidos pelos autores dos dicionários, há uma ampla literatura que remonta à Grécia arcaica e que continua, com um permanente fervor, até a atualidade. Aqueles termos (como muitos outros) quase sempre estão impregnados de significados emotivos. Rigor e precisão (mas também sobre isso há discordâncias) pertencem ao mundo da matemática e da lógica simbólica. A respeito de coisas muito importantes para todos e para cada um de nós (vida, amor, morte, progresso, decadência, valores) temos ideias muito confusas e (e para desagrado de quem vive no mundo acadêmico e político) dispomos de definições aproximadas ou, na melhor das hipóteses, discutíveis. As visões gerais do mundo em que se situam os conceitos e as ideias são permeadas por um *páthos* metafísico, de verve religiosa, somado a motivações psicológicas inconscientes. Sobre estas últimas, por definição, temos pouco conhecimento.

Uma grande parte da noção comum ou corrente de natureza é ainda hoje, como era nas origens, resultado de projeções antropomórficas, entremeadas por mitos e ligadas a instintos e impulsos irracionais. A natureza continua a apresentar-se, por vezes, como uma força criadora benéfica, como uma contínua e maravilhosa invenção de formas, e *ao mesmo tempo* como uma energia perigosa, capaz de gerar o mal, impiedosa, na iminência de nos aniquilar e de evocar os demônios da destruição. É muito provável que nenhuma filosofia consiga erradicar das mentes essa antiga e profunda ambivalência expressa no grande poema de Lucrécio intitulado *De rerum natura*, que se inicia com um hino a Vênus, com a visão da primavera e da luz do céu claro, com a multiplicação da vida, e que se conclui com o alento mortal da peste que extermina os rebanhos, cobre de pragas os membros dos homens, contagia multidões, torna desertas suas casas e impele os sobreviventes a lutarem selvagemente entre si.

IV
Cultura

Parece-nos, com certa razão, que os seres humanos fazem sempre as mesmas coisas: dormem, constroem abrigos contra o calor e o frio, procuram alimentos, comem, se acasalam, riem e choram, criam seus filhos, estabelecem regras com recompensas e punições para quem não as respeitam, agridem e são agredidos, fazem guerras e enterram seus mortos, curvam-se de várias maneiras a seres divinos e invisíveis. Na realidade, cada uma dessas coisas é feita de formas tão diversas que, às vezes, vão além de qualquer imaginação.

No âmago do livro *Good to Eat* [Bom de comer], do grande antropólogo Marvin Harris, surge uma pergunta fundamental, que se situa no centro da reflexão dos antropólogos: dado que todos os que pertencem à espécie humana são onívoros e dotados de um aparelho digestivo absolutamente idêntico, como é possível que em alguns lugares do mundo sejam consideradas iguarias coisas como formigas, gafanhotos ou ratos, que em outros lugares parecem ser imundícies repulsivas? Embora atualmente se possa comprar pela internet[1] embalagens com escorpiões fritos, formigas, serpentes e carne de crocodilo, os processos dessa globalização não parecem (nesta área) muito velozes. No Camboja comem-se coleópteros, baratas d'água, lagartixas, morcegos. Em Hanói comem-se serpentes e existem sete receitas para cozinhar um cão. Na Nova Guiné apreciam-se os vermes do saguzeiro, grandes e carnosos, que possuem uma pele dura recoberta de pelos e por dentro uma massa cremosa amarelada. Na China e no Camboja, como é sabido, se come miolo de macaco (inclusive diretamente no animal recém-abatido). Nas ilhas do arquipélago indonésio se bebe um tipo de café produzido com grãos parcialmente digeridos e defecados pelo civeta-das-palmeiras.[2] A tarântula é comida no Camboja. Nas Filipinas – inclusive nas ruas – se comem ovos fecundados de pato ou de galinha que contêm embriões quase completamente formados. Na Coreia põem-se filhotes de ratos vivos numa garrafa de licor de arroz, que é bebido após fermentar. No México, os *escamoles* são pratos feitos com ovos de formiga. E poderíamos enumerar tantos outros casos.[3]

As diferenças são gritantes e, por vezes, insuperáveis. Por que o boi sim e o cão não? Por que uma menina nascida e crescida nos Estados Unidos nos olha estarrecida e horrorizada se lhe dissermos

---

[1] www.edible.com/stockists.
[2] Considerado o café mais caro do mundo. (N. T.)
[3] http://viaggi.libero.it/news/a-caccia-di-cibi-disgustosi-ne1470.phtml.

que já comemos um coelho? Por que a tripa fascina os florentinos e os milaneses (que a chamam de *busecca*) e é considerada com desdém e horror pela maioria dos americanos? Isso não deve ser motivo de espanto. Como o aparelho digestivo, também o genital é comum a todos os membros da espécie humana e, no entanto, muitos sabem que a denominada *posição do missionário* é considerada estranha para qualquer membro de uma comunidade do Pacífico sul-ocidental.

Desde os tempos mais remotos, existe um modo muito simples e muito adotado para resolver este tipo de problema: negar a qualificação de seres humanos e qualificar como animais ou como não humanos aqueles que se comportam de forma muito diversa da nossa ou que possuem costumes que consideramos estranhos ou inaceitáveis. A distinção entre sociedades civis e sociedades primitivas baseou-se durante certo tempo na antítese entre a civilização ocidental e a "barbárie" dos não europeus. Esse posicionamento foi abandonado, pela antropologia contemporânea, por não possuir sentido. Com o termo *cultura*, a antropologia designa as técnicas de adaptação ao ambiente e o modo de vida de qualquer grupo social. Para a antropologia, como afirma Ruth Benedict em seu conhecido livro de 1934,[4] "as normas que outra sociedade definiu para o casamento são tão significativas quanto as nossas"; para um antropólogo, "os nossos costumes e os da Nova Guiné constituem dois esquemas sociais possíveis para resolver um problema comum".

---

4 Benedict, *Modelli di cultura*, p.7.

O relativismo cultural, durante o século XX, coincide com uma tese muito discutida e muito controversa: segundo esta tese, dado que toda cultura assume suas próprias formas e se apresenta como superior às outras, não existem formas mais ou menos autênticas de humanidade e, portanto, não é possível distinguir entre formas de humanidade e formas de desumanidade e estabelecer, sobre esta base, qualquer tipo de hierarquia. A esses problemas, Ernesto de Martino, grande estudioso do mundo da magia, nascido em Nápoles em 1908 e morto em Roma em 1965, forneceu respostas ainda hoje atuais. Será que o encontro com a diversidade deve se dar num plano de total ausência de valores? Uma vez abandonada a convicção de que a natureza humana coincide com os modelos assumidos como válidos pela própria cultura, é preciso defender um ato de abdicação? É verdade que toda e qualquer intervenção nos assuntos dos outros constitui uma forma de repressão? É verdade que a pura e simples renúncia a qualquer modelo constitui em si mesma o princípio necessário e suficiente para a solução dos problemas da história humana?

O que quer dizer, exatamente, o confronto intercultural com quem considera óbvio e certo que as mulheres são por natureza inferiores e portanto submissas aos homens, e considera justo que uma adúltera seja enterrada até a cabeça e apedrejada até a morte com pedras pequenas para aumentar o tempo de seu suplício? É possível pensar numa relação intercultural com quem considera os negros e os hebreus mais semelhantes aos animais que aos homens, com quem defende a guerra tribal, o domínio de uma etnia e o direito ao extermínio do inimigo racial? Uma coisa é o esforço de compreensão e outra o confronto intercultural. Pluralismo, tolerância, respeito pelas minorias, defesa de seus direitos não podem ser objeto de negociações. Só se pode exercer pressão (as mais fortes e decididas e mesmo as mais *chantagistas* possíveis) na ausência de respeito a tais valores.

Não é absolutamente verdade que isso coincide (como parece crer Francesco Remotti na sua *Prima lezione di antropologia*) com a convicção "de ter descoberto, por revelação divina e/ou por revelação natural, a forma mais autêntica de humanidade". Entre as culturas, segundo o mesmo autor, não haveria *diferenças qualitativas* e seria ilícito e impossível estabelecer escalonamentos.[5] Entre 1993 e 2007, 45 países renunciaram à prática da pena de morte. A que se deve esta renúncia? Ou, em deferência aos professores de antropologia, será que ela não deveria ser avaliada de alguma forma? Em Bamako, capital de Mali, foi realizada uma Conference on Female Genital Mutilation, que concluiu seus trabalhos com a adoção da *Bamako Declaration for the Abandonment of FGM*, ou seja, da *female genital mutilation* [mutilação genital feminina]. Desde 2007, a Eritreia, um país no qual a mutilação genital abrangia 90% das mulheres, passou a considerar essa prática um delito. Será que também estes seriam exemplos de pretensões ocidentais indevidas? Será que Emma Bonino fez mal em preocupar-se com esse assunto ou deveria ter garantido o pleno respeito às diferenças culturais?

---

5 Remotti, *Prima lezione di antropologia*, p.153-5.

Dentro da cultura ocidental, numerosos intelectuais podem rechaçar, contestar, criticar e condenar sua própria cultura e também envergonhar-se das instituições e ideias em meio às quais vivem e publicam artigos e livros. Podem ter simpatia por outras e diferentes culturas, mas isso não pode ser considerado um problema. Tais críticas podem ser também consideradas como estímulo para um crescimento e um aperfeiçoamento da sociedade e ao mesmo tempo como uma prova indiscutível da plena pertença de tais intelectuais ao Ocidente. De fato, é única e exclusivamente nessa criticada civilização ocidental que tais atitudes são não apenas toleradas, mas valorizadas e consequentemente aceitas como sinais positivos.

V
O comer: entre natureza e cultura

Comer não envolve apenas a natureza e a cultura. Situa-se entre a natureza e a cultura. Participa de ambas. Tem muito a ver com a primeira e também com a segunda.[1]

Quando foi publicado, em 1964,[2] *O cru e o cozido* de Claude Lévi-Strauss, os estudiosos da minha geração (hoje octogenários) se deram conta não apenas do fato de que as chamadas qualidades sensíveis – por exemplo, cru e cozido, ou fresco e podre – possuem uma lógica e uma história, mas também do fato de que a comida (e sua preparação) não é um elemento marginal e irrelevante; perceberam que estas alternativas têm a ver com o ato de comer em grupo ou sozinho, com a passagem da natureza à cultura e

---

1 Um site dedicado ao tema "alimentação": http://www.treccani.it/enciclopedia/alimentazione/.
2 Lévi-Strauss, *Le Cru et le cuit*. Ver também Müller, *Piccola etnologia del mangiare e del bere*.

com o mundo dos sistemas simbólicos. As formas de alimentação podem dizer algo importante não apenas sobre as formas de vida, mas também sobre a estrutura de uma sociedade e sobre as regras que lhe permitem persistir e desafiar o tempo.

O livro *Cannibals and Kings. The Origin of Cultures* [Canibais e reis. A origem das culturas] de Marvin Harris foi publicado em Nova York, em 1977, e foi traduzido para o italiano pela Feltrinelli, dois anos mais tarde.[3] Variáveis semelhantes, em condições semelhantes, produzem resultados semelhantes: considerando este pressuposto, foi possível comparar épocas diferentes e diferentes costumes e estilos de vida, e se pôde também defender a existência de certo tipo de determinismo (semelhante àquele que age na evolução) que caracteriza os fenômenos sociais. Na década de 1980 e 1990 surgiram os livros, brilhantes e inteligentes, de Piero Camporesi, professor de literatura italiana na Universidade de Bolonha, que foi o mais importante estudioso das relações entre mitos populares, literatura e alimentação: *Il paese della fame* [O país da fome], *Il pane selvaggio* [O pão selvagem], *officine dei sensi* [A oficina dos sentidos], *La terra e la luna* [A terra e a lua]. Em cada um destes livros, a história da alimentação e a correspondente história da fome se entrelaçam com a alta literatura e a popular, com o folclore e a cultura camponesa, e começam a fazer parte de uma história das ideias que utiliza mitos e narrações transmitidos oralmente, fazem referência à cocanha e ao Carnaval, às comilanças que normalmente se seguiam aos períodos de uma fome desesperada, extenuante e

---

3 Na edição brasileira, *A natureza das coisas culturais*. (N. T.)

crônica. Vagabundos, mendigos, camponeses pobres emergiam do mundo do esquecimento e tornavam-se protagonistas de uma história que utilizava sem escrúpulos (como defendia Giambattista Vico) os mais variados materiais. A história das ideias e da mentalidade aproximava-se fortemente da antropologia cultural. Uma contribuição importante é oferecida também pelos vários livros de Massimo Montanari,[4] que tratou dos tipos e objetos de alimentação na Idade Média, dos prazeres da mesa na idade moderna e contemporânea e que escreveu uma história da alimentação na Europa traduzida em muitos países. A filosofia aproxima-se da antropologia também no livro de Leon R. Kass[5] dedicado à alimentação como aperfeiçoamento da nossa natureza. O centro destes trabalhos é constituído pelos posicionamentos em relação ao alimento e, portanto, à relação entre alimento e cultura.

Como muitos – há muito tempo – têm enfatizado, as ações para se livrar da fome e da sede empreendidas pelos membros da espécie humana são "naturais" apenas na aparência. Na verdade estão estreitamente ligadas à artificialidade das técnicas culinárias, aos instrumentos utilizados para cozinhar e para comer, às cerimônias e aos ritos nos quais homens e mulheres (mas às vezes apenas os

---

4 Montanari, *Nuovo convivio. Storia e cultura dei piacere della tavola nell'età moderna*; Montanari, *Convivio oggi. Storia e cultura dei piaceri della tavola nell'età contemporanea*; Montanari, *La fame e l'abbondanza. Storia dell'alimentazione in Europa*; Montanari; Capatti, *La cucina italiana. Storia de uma cultura*.
5 Kass, *The Hungry Soul. Eating and the perfection of our nature*. Ver também Livi Bacci, *Popolazione e alimentazione. Saggio sulla storia demografica europea*.

homens, com uma forte exclusão das mulheres que cozinham e põem a mesa) se reúnem em torno de um lugar onde são servidos os alimentos. O alimento não é apenas ingerido. Antes de chegar à boca, ele é preparado e pensado detalhadamente. Adquire o que geralmente se chama de valor simbólico. O preparo do alimento marca um momento central da passagem da natureza à cultura. O preparo do alimento, como mostrou Claude Fischler,[6] torna-se uma maneira de exorcizar o perigo sempre presente no que estamos introduzindo, pela boca, no nosso corpo. A relação entre nutrição e contaminação pode parecer, nesse sentido, muito ambígua e complicada.

A expressão *maccheroni* (sobretudo na França e nos Estados Unidos) foi, durante certo tempo, uma forma depreciativa de referir-se aos italianos. A ideia de que "os outros" comem coisas estranhas ou repugnantes era (e continua sendo em algumas partes do mundo) muito difundida. A acusação de canibalismo, entre os séculos XVI e XVIII, foi feita a muitas populações que nada tinham a ver com esta prática tão polêmica. Alguns insistiram (Pierre Bourdieu,[7] Peter Scholliers,[8] Carole M. Counihan[9]) na defesa da alimentação como meio de destacar as diferenças entre culturas e classes sociais para reforçar uma determinada identidade cultural. Mas é certo também que dentro da nossa civilização a alimentação e a curiosidade em torno de formas de se

---

6 Fischler, *L'onnivoro. Il piacere di mangiare nella storia e nella scienza*.
7 Bourdieu, *La distinzione. Critica sociale del gusto*.
8 Scholliers (org.), *Food, Drink and Identity*.
9 Counihan, *The Anthropology of Food and Body. Gender, meaning and power*.

alimentar diferentes das nossas constituem um dos meios muito utilizados para estabelecer contatos entre diferentes culturas, e para mesclar costumes, modos de vida e civilizações. Na Itália, são muitos os que alternam o macarrão com pratos da cozinha chinesa, japonesa, indiana, paquistanesa.

No livro *Antropologia e simbolismo*, Mary Douglas fez uma análise detalhada dos modos de cozinhar, dispor e apresentar os pratos num jantar preparado por donas de casa inglesas. Procurou identificar um mapa que contivesse o conjunto das combinações e a lógica aí presentes. Jack Goody,[10] por sua vez, se interessou principalmente pelos modos de transmissão da cultura culinária e pela distinção de gostos como meio de se definir uma determinada identidade étnica. De qualquer forma, não se nega – e sobre isso quase todos estão de acordo – que a preparação da comida é uma mediação entre natureza e cultura. No entanto, a artificialidade é sempre pressionada pela natureza. Esta se evidencia e mostra sua força quando há falta de alimentos e quando há uma dramática necessidade de se evitar a fome que leva a deixar de lado os ritos e os costumes para *lançar-se* sobre a comida, sem qualquer cautela (como a aproximação lenta, o cheirar primeiro), o que parece vincular-se a muitas formas de vida e que está presente também no mundo animal. No nosso mundo moderno – todos sabemos, mas fingimos que não – existem ampla zonas da Terra nas quais a fome constitui uma doença crônica, que tira a esperança de vida e leva, muito rapidamente, à inanição e à morte.

---

10 Goody, *Food and Love. A cultural history of East and West*.

VI
O jejum

Religião e jejum são termos dificilmente separáveis. O jejum é uma forma de autodisciplina e faz parte da formação espiritual dos budistas. Buda alcança a iluminação e as quatro nobres verdades após ter abandonado o jejum. O desejo constitui a origem do mal e o desejo da comida é um dos mais enraizados e profundos. Distanciar-se dos desejos faz parte do caminho da salvação. No *Lankavatara Sutra*[1] lê-se:

> Para manter sua pureza, uma alma iluminada deve abster-se de comer carne, que deriva do esperma e do sangue. Quem segue a disciplina para atingir a compaixão deve abster-se de comer carne para não causar terror nos outros seres viventes.

---

1 *Lankavatara Sutra: a Mahayana text*. Translated for the first time from the original sanskrit by Daisetz Teityaro Suzuki, http://lirs.ru/do/lanka_eng/Lankavatara_Suzuki,Mahayana, Routledge_1956,161pp.pdf.

Muitos hindus jejuam na noite de fevereiro, na qual Shiva executa a dança cósmica da criação e da destruição. *Upvas*, que em sânscrito significa jejum, indica estar sentado ao lado de Deus. Durante o mês de Ramadã, os muçulmanos se abstêm de comida, de água e da relação sexual todos os dias do mês: do amanhecer ao pôr do sol. No Dia da Expiação (ou Yom Kippur), os hebreus jejuam da tarde de um dia até a tarde do dia seguinte: não podem comer, beber, lavar-se, calçar sapatos de couro de animais e manter relações sexuais. Mas jejuam também em muitas outras ocasiões. Os mórmons jejuam no primeiro domingo de cada mês, abstendo-se de comida e de líquidos por vinte e quatro horas.

Jesus praticou o jejum após seu batismo (Mt 4,1-2; Lc 4,1-2). Em Mt 6,16-18, encontramos uma passagem na qual Jesus condena a hipocrisia e convida a uma relação direta com Deus anunciando a recompensa que ele promete aos que jejuam:

> Quando jejuardes não fiqueis tristes como os hipócritas; pois eles desfiguram o rosto para mostrar aos homens que estão jejuando. Em verdade, vos digo: já receberam sua recompensa. Tu, porém, quando jejuardes, unge tua cabeça e lava teu rosto, para que os homens não percebam que jejuas, mas apenas teu Pai que está oculto, e o teu Pai que vê no segredo te recompensará.

A reflexão de Agostinho de Hipona sobre a utilidade do jejum inicia com a contraposição entre os anjos e as criaturas humanas. O pão dos anjos é Deus; no céu nada falta, ali há abundância e saciedade eternas. Aqui, os espíritos racionais enchem de

Deus suas mentes. Na Terra, as almas vestidas com um corpo terreno enchem seus ventres com os frutos da terra. O nosso alimento nos falta no mesmo instante em que nos restaura, diminui à medida que nos sacia. O alimento celeste, ao contrário, mantém-se íntegro mesmo quando nos sacia. Quem se curva sobre a terra, em busca de alimento e de um prazer ligado apenas à carne, pode ser comparado aos animais. Os cristãos levam uma vida distinta dos que não têm fé e almejam unir-se aos anjos. Ainda não somos justos, mas estamos a caminho. Qual é a vantagem de não nos abandonarmos ao alimento e aos prazeres da carne?

> A carne nos inclina para a terra, a mente se volta para o alto, é arrebatada pelo amor, mas é retardada por seu peso... Assim, se a carne inclinada para a terra é um peso para a alma, uma bagagem que impede seu voo, quanto mais colocamos nossas alegrias na vida superior, tanto mais se alivia seu peso terreno. Eis o que fazemos quando jejuamos.[2]

Em maio de 1994, a Conferência Episcopal Italiana resolveu

> solicitar aos cristãos uma retomada convicta e vigorosa das práticas penitenciais. Este apelo busca, antes de tudo [continuava o texto], a fidelidade às exigências evangélicas da penitência, mas também dar uma resposta coerente ao desafio do consumismo e do hedonismo tão difundidos em nossa sociedade.

---

[2] Agostinho, *A utilidade do jejum*, II.

Neste texto o cardeal Ruini evocava as palavras proferidas por Paulo VI na conclusão do Concílio Vaticano II, na Constituição Apostólica *Paenitemini*:

> Entre os graves e urgentes problemas que se impõem à nossa solicitude pastoral, está o apelo aos nossos filhos – e a todos os homens de fé do nosso tempo – para o significado e a importância do mandamento divino da penitência.[3]

Em dezembro de 2001, João Paulo II propôs uma jornada de oração e de jejum que unisse os fiéis de todas as religiões e os defensores da paz contra todas as guerras para que "o amor prevaleça sobre o ódio, a paz sobre a guerra, a verdade sobre a mentira, o perdão sobre a vingança".[4] Este texto suscitou aprovações, mas também algumas críticas explícitas, entre os católicos.[5] Na sua mensagem de Quaresma, Bento XVI afirmou que o jejum "nos ajuda a vencer o egoísmo, a abrir o coração ao amor a Deus e ao próximo".[6] Atualmente os católicos jejuam (ou melhor, deveriam jejuar) apenas dois dias por ano: na Quarta-feira de Cinzas e na Sexta-feira Santa.

Não sei se é verdade – como tem sido dito[7] – que atualmente, nas igrejas protestantes e evangélicas,

---

3 www.vatican.va/holy_father/paul_vi/apost_constitutions/documents/hf_p-vi_apc_19660217_paenitemini_it.html.
4 www.vatican.va/holy_father/john_paul_ii/angelus/2001/documents/hf_jp-ii_ang_20011209_it.html.
5 http://grandinotizie.com/daz/1129.htm.
6 www.vatican.va/holy_father/benedict_xvi/messages/lent/documents/hf_ben-xvi_mes_20081211_lent-2009_it.html. Ver Gori, Il digiuno e le religioni, *L'Osservatore Romano*, 6 mar. 2009.
7 Russell, *Fame. Una storia innaturale*, p.42.

assiste-se a um verdadeiro renascimento do jejum. No entanto, acredito que no mundo católico tenha ocorrido o contrário. Esta avaliação é compartilhada pelo teólogo Enzo Bianchi, que, num artigo no jornal *Avvenire* de 8 de março de 2009, escreveu o seguinte:

> No Ocidente – diversamente do que ainda acontece nas igrejas do Oriente – pode-se dizer que a prática eclesial do jejum praticamente desapareceu: a abstinência de carne às sextas-feiras é livremente substituída por outros gestos sem qualquer relação com o alimento, o jejum ascético limita-se a apenas dois dias ao ano – a Quarta-feira de Cinzas e a Sexta-feira Santa; na preparação para a primeira comunhão, foi reduzido a uma hora... Assim, uma prática que vem desde Israel, retomada por Cristo, presente na grande tradição eclesial do Oriente e do Ocidente, torna-se cada vez menos presente e exigida.

Só um cristianismo insípido, continua Bianchi,

> pode acabar com o jejum, considerando-o algo irrelevante, e pensar que uma privação de coisas supérfluas (portanto, não vitais como o alimento) possa ser substituída: esta é uma tendência que desdenha a importância do corpo e sua condição de templo do Espírito Santo. Na verdade, o jejum é a maneira com que o crente testemunha sua fé no Senhor com seu próprio corpo, e constitui um antídoto à redução intelectualista da vida espiritual ou à sua confusão com o psicológico.[8]

---

8 Bianchi, Ha ancora senso il digiuno?, *Avvenire*, 8 mar. 2009.

Penso que uma grande parte da cultura laica está tão envolvida na polêmica com as crenças e superstições dos católicos, que acabam não percebendo as rachaduras, as diferenças e as verdadeiras gretas que existem nos muros seculares da Igreja Católica. No entanto, a resoluta redução da prática do jejum (que para alguns parece um verdadeiro desaparecimento) é considerada por alguns segmentos do mundo católico ainda muito parcial e insuficiente. Em um número da revista *MicroMega* dedicado ao alimento, a teóloga Adriana Zarri (que publicou muitos livros e colaborou em muitos jornais, do *Osservatore Romano* ao *Il Manifesto*) expressou sua perplexidade diante da clara predominância, nos textos e nos dicionários, de discursos sobre o jejum e de uma quase inexistente literatura religiosa sobre o alimento. Zarri considera um ganho o fato de o Concílio de Trento não ter se pronunciado sobre o alimento, pois se o tivesse feito "teria talvez feito prevalecer o jejum sobre o convívio entre as pessoas". Zarri destaca a predominância e importância desse convívio, e afirma que o parco êxito do alimento e do sexo na tradição cristã vincula-se à "*theologia crucis* tanto ressaltada" e que foi insistentemente pregada pela Igreja Católica até gerar um "exasperado *dorismo*[9] que tem no jejum do alimento e da cama seu mais significativo capítulo".[10]

Confesso ter ficado estarrecido com o fato de Adriana Zarri ter falado, nesse contexto, de "um nosso sombrio e obsessivo pudor". Gostaria de perguntar:

---

9 Sentimento de dor acentuado. (N. T.)
10 Zarri, Cibo e cristianesimo, *I quaderni di MicroMega*, suplemento do n.5, 2004, p.38-40.

nosso de quem? Das freiras de clausura? Dos nossos contemporâneos? Dos italianos? A psicossexóloga Valeria Randone escreve:

> Durante muitos anos, após uma mudança radical do quadro cultural, a sexualidade também assumiu novos significados: deixou de ser vinculada à procriação, franqueou-se ao universo feminino o acesso à dimensão do prazer, tornaram-se conhecidas e lícitas algumas perversões *soft*, e a mídia e a internet transmitiram uma sexualidade ginástica escassa de conotações emocionais. À luz destas mudanças de paradigmas comportamentais, a virgindade perdeu totalmente sua razão de ser e seu significado ancestral originário. Estudos recentes (Congresso Nacional de Sexologia Clínica – Taormina, maio de 2009) demonstraram que a idade da primeira relação sexual diminuiu muito e situa-se num raio que vai dos 13 aos 17 anos, com uma correspondente elevação do nível de desinformação sexual quanto à contracepção e às doenças sexualmente transmissíveis.[11]

Poderíamos perguntar: será que Adriana Zarri, preocupada com nobres questões teológicas, nunca ligou a televisão? Que nunca se deu conta da total mercantilização do corpo das mulheres e dos homens imposta a milhões de espectadores? Que não se deu conta de que também jornalistas com formação declaradamente laica, que gostam de e usam uma linguagem sóbria e comedida, utilizaram-se da pouco científica e pouco sociológica noção de "orgia de bundas e tetas" com uma clara referência à atual e

---

11 www.clicmedicina.it/pagine-n-38/02115-verginita.htm.

espantosa invasão do sexo na televisão italiana? Os teólogos também, como há muito os filósofos, são capazes hoje de tudo: nos dias atuais, podemos falar que se trata de um fenômeno comum, de um "sombrio e obsessivo pudor"? Será que ainda podemos falar de um *jejum da cama* comparável ao *jejum do alimento* e falar também de um difundido e exasperado *dorismo*?

Não sou capaz de julgar se o *prazeirismo* ou o *deleitismo* de Adriana Zarri (como poderíamos denominar o contrário de *dorismo*?) tenha ou não uma relação com a tradição cristã. Considero no entanto muito interessante que, em 2004, em um texto intitulado "Alimento e cristianismo", esta inquieta teóloga tenha escrito (logo abaixo do título) o seguinte:

> Os evangelhos ensinam: Cristo quis estar entre nós por meio da comida e do ato de comer, multiplicou pães e peixes preocupado com a fome do povo. Todavia, textos e tratados de teologia mística trazem muitos discursos sobre o jejum e pouco se preocupam com a dimensão festiva da comida. Por quê?

A presença de Cristo por meio da comida estaria relacionada com fartos banquetes e com locais para comer? Ou o alimentar-se e o comer constituem um ponto central e decisivo na teologia cristã? Pessoalmente, considero-me cristão apenas no sentido dado ao termo por Benedetto Croce, que dizia que nós ocidentais não podemos dizer que não somos cristãos. Não obstante, li quase com alívio, no texto *Notas sobre algumas publicações do Prof. Dr. Reinhard Messner*, publicado em 30 de novembro de 2000 pela Congregação para a Doutrina da Fé e assinada pelo seu então prefeito (e atual pontífice) Joseph Ratzinger, as seguintes linhas:

> A Igreja está persuadida na fé de que o próprio Cristo – como narram os Evangelhos (ver Mt 26, 26-29; Mc 14, 22-25; Lc 22, 15-20) e, por tradição apostólica, São Paulo (ver 1Cor 11, 23-25) – entregou aos discípulos na ceia antes da sua Paixão sob as espécies do pão e do vinho o seu corpo e o seu sangue, instituindo desta forma a Eucaristia, que é genuinamente o seu próprio dom à Igreja de todos os tempos. Por conseguinte, não se deve supor que, no cenáculo, Cristo – como continuação da sua comunhão à mesa – realizou uma análoga ação convival simbólica, com perspectiva [da doutrina] escatológica. Segundo a fé da Igreja, na última ceia, Cristo ofereceu o seu corpo e o seu sangue – entregou-se a Si mesmo – ao seu Pai e deu-se a Si próprio como alimento aos seus discípulos, sob as espécies do pão e do vinho.[12]

Entregar-se como alimento aos seus discípulos sob os sinais do pão e do vinho. Entre natureza e cultura, na civilização da qual somos filhos, a comida e o comer ocupam certamente um lugar muito especial.

---

12 www.vatican.va/roman_curia/congregations/cfaith/documents/rc_con_cfaith_doc_20001130_messner_it.html.

VII
O jejum e a santidade

Sobre a vida dos santos, sobre seu jejum, sobre sua recusa alimentar, sobre seu ascetismo existe uma abundante e prolífica literatura. Algumas obras disponíveis em italiano: *La santa anoressia. Digiuno e misticismo dal Medioevo a oggi* de Rudolph M. Bell; *Sacro convivio, sacro digiuno: il significato religioso del cibo per le donne del Medioevo* de Carolina Walker Bynum; *Dalle sante ascetiche alle ragazze anoressiche: il rifiuto del cibo nella storia* de Walter Vandereycken Ron van Deth. Dois destes livros comparam as formas de jejum da primeira Idade Moderna com o que atualmente se define como anorexia. A respeito deste tipo de literatura deve-se levar em consideração a advertência expressa com muita clareza pelo psiquiatra Paolo Santonastaso: jejum, emagrecimento exagerado, tendência ao sacrifício, formas de autopunição, isolamento caracterizam fenômenos muito distantes um do outro, e também são descritos com linguagens muito distintas. O perigo de sempre são as simplificações grosseiras e as identificações errôneas.

Os significados não são facilmente separáveis dos contextos. A magia do século XVI pertence à alta cultura da Europa. Ela é considerada uma realidade positiva por Cornelius Agrippa, Giambattista della Porta, Giordano Bruno, Tommaso Campanella, Paracelso. Existiria alguma relação entre estes personagens e o divino mago Otelma, Primeiro Teurgo da Igreja dos Viventes, além de grão-mestre da Ordem Teúrgica de Helios (que é um dos muitos magos que aparecem hoje na televisão)? A magia existia nos séculos XVI e XVII, e existe também no século XX. Por esta razão, será que ninguém teria a ideia de escrever um livro intitulado *De Giordano Bruno ao mago Otelma*?

No livro de Bynum, o contexto da Alta Idade Média – onde os significados de palavras como "alimento" e "jejum" são distintos dos nossos – fica claro: nesse mundo, cada devoto cristão jejuava antes da comunhão e recebia seu Deus como alimento. Um alimento que se torna Deus. Místicos e pregadores "de Agostinho a João Crisóstomo e também Bernardo de Claraval, Tauler e Gerson fizeram do alimento uma metáfora da inspiração religiosa e do jejum um símbolo de penitência e preparação".[1] Cultivar o sofrimento, no mundo a que pertencem Catarina de Siena e Verônica Giuliani, faz sentido. O sofrimento não pertence, como em nosso mundo, ao patológico ou ao terreno da doença. Nesse mundo, uma garota que jejua com obstinação é um

---

1 Bynum, *Sacro convivio, sacro digiuno: il significato religioso del cibo per le donne del Medioevo*, p.131.

fenômeno extraordinário e, em muitos casos, levanta suspeita de uma ajuda demoníaca, e, quando ela é excluída, vêm à tona o espanto e a admiração. Uma menina que recusa alimento e reiteradamente em cada refeição o vomita, reduzindo-se a um esqueleto, parece ser um processo patológico ou a manifestação de um triste fato que se repete com frequência, que já foi muito estudado e descrito detalhadamente em muitos manuais. Diante de uma pessoa jovem gravemente enferma, não sentimos nenhum espanto e certamente não demonstramos admiração ou veneração. Manifestamos apenas compaixão e só gostaríamos de ser capazes de oferecer alguma ajuda.

A história da gula foi descrita muitas vezes como um pecado capital detestável, que, como a luxúria, está enraizado na corporeidade humana. Esse enraizamento, no caso da gula, parece indelével. Pode-se renunciar à sexualidade e levar uma vida casta, mas não se pode viver sem comer:

> Insistir na sobriedade, impor um regime de privações, significa evocar o ideal impossível de uma total negação do corpo: a nostalgia de um mundo sem alimentos transparece continuamente na ênfase que os monges dão ao jejum.

A cultura escolástica traz uma definição diferente do pecado da gula e distingue entre o prazer natural e o prazer libidinoso, que embasa todo excesso. É apenas um desejo desordenado, e não um desejo natural por alimentos, que Tomás de Aquino considera como o pecado da gula. Em *De malo*, Tomás indica que a gula provoca um descontrole da mente, gera impureza, uma alegria e um discurso vazios, e a licenciosidade.[2] Existem, certamente, distinções importantes, mas é suficiente a descrição da punição para o pecado da gula no sexto canto do *Inferno* de Dante para percebermos a abismal distância que existe entre o olhar de Dante e de seus contemporâneos e o nosso julgamento indulgente dos glutões e comilões. Estes últimos, não os consideramos, como Paulo (Fl 3,18-19), pessoas que se comportam como inimigos da cruz de Cristo, que têm o ventre como seu deus, e que se gloriam do que eles deveriam se envergonhar, mas, na pior das hipóteses, como vítimas doentes ou como vítimas totalmente inocentes da sociedade de consumo. Todavia, na atmosfera sombria do terceiro círculo do inferno, cai sem parar uma maldita e fria chuva feita de uma mistura de granizo, água escura e neve. A terra está encharcada e se transforma em um malcheiroso e gélido lamaçal no qual os pecadores estão imersos. Sobre eles late Cérbero com suas três cabeças, a barriga estufada e as garras com que dilacera e esquarteja o corpo dos condenados.

Para Catarina de Siena (nascida em Siena em 1347 e morta em Roma em 1380), que, como São Francisco, é padroeira da Itália, e, como Tomás de Aquino, é doutora da Igreja, ouvida por soberanos e pontífices e considerada peregrina da paz, o comer e o beber, o amamentar, o pão e o sangue, a fome e o vômito constituem imagens centrais e decisivas do encontro com Deus. O jejum, levado às últimas consequências, o comer a sujeira dos doentes socorridos

---

[2] Ver Casagrande; Vecchio, *I sette vizi capitali. Storia dei peccati nel Medioevo*, p.129, 133, 135.

conduzem à fusão com a agonia de Cristo e contribuem para a salvação do mundo.[3]

> Enquanto rezava apareceu-lhe o Salvador e Senhor Jesus Cristo com suas cinco chagas... Pondo a mão direita sobre a sua cabeça virginal e aproximando-a da chaga de seu flanco, sussurrou-lhe: "Beba, minha filha, a bebida do meu flanco com a qual tua alma ficará repleta de uma doçura tal que a sentirás também no corpo que desprezaste por mim". E ela, vendo assim tão próxima à santíssima chaga os lábios do corpo, mas muito mais aqueles da alma, bebeu longamente com avidez e abundância.[4]

E ainda: "A vós", escreve a três mulheres napolitanas,

> convém fazer como o menino que, querendo mamar, pega o seio da mãe e o leva à boca, e por meio da carne traz a si o leite; do mesmo modo devemos buscar o peito de Cristo crucificado no qual se encontra a mãe da caridade, e por meio de sua carne traremos a nós o leite que nutre a nossa alma.[5]

Como observou Bynum, Catarina entendia a união com Cristo como um vestir-se, como um tornar-se a própria carne de Cristo, e este é apresentado

---

[3] Ver Bynum, op. cit., p.184-5.
[4] da Capua, *Vita Catharinae Senensis*, Acta Sanctorum, §163, p.903; ver Bynum, op. cit, p.191.
[5] de Siena, *Lettere* [Cartas], v.VI, 5-6. Ver Bynum, op. cit., p.195-6.

várias vezes, em seus escritos, como uma mãe amamentando.[6]

Ursula Giuliani nasceu em Mercatello, perto de Urbino, em 1660, e com 17 anos entrou no convento das Clarissas Capuchinhas de Città di Castello, assumindo o nome de Veronica. Foi proclamada santa em 1839. Escreveu sua biografia em obediência a uma ordem de seus confessores. Escreveu um diário de 22 mil páginas durante trinta e três anos. Em sua terceira autobiografia, refere-se a um pequeno quadro com a pintura de Maria amamentando Jesus. Retirando-o da parede, abraça o pequeno quadro:

> Comecei a despir-me. Tirei para fora meu pequeno peito e disse: "Meu Jesus, deixe este peito. Venha sugar o leite em mim". E estendi-lhe o peito. Ele deixou os da Virgem e agarrou-se ao meu. Oh! Deus! Eu não posso descrever nada do que senti naquele momento, e nem me lembro dos efeitos que me causou. Naquele gesto não parecia a pintura de um menino, mas um em carne e osso... Agora me lembro que por vários dias, aqui neste peito, senti tão grande calor, que era como um fogo.[7]

Às ordens que lhe foram dadas repetidas vezes para quebrar os seus longos jejuns, nunca foi capaz de obedecê-las.

Já me referi ao mundo em que vive Catarina, em que os sofrimentos não são considerados um mal, onde existe um verdadeiro cultivo do sofrimento. Sobre isso, Veronica Giuliani é muito clara:

---

6 Ver Bynum, op. cit., p.198.
7 Bell, *La santa anoressia. Digiuno e misticismo dal Medioevo a oggi*, p.72.

Parece-me lembrar que, às vezes, percebia a preciosidade do sofrimento. Quando recebia tais iluminações, eu nem pensava, pois não o considerava um peso para mim. Eu me ajudava com as penitências, vocês imaginam! Tudo me causava dor por não encontrar dor em nada. Fustigar-me com espinhos e flagelos acendia em mim um desejo cada vez maior pela dor. Vestir cilícios e carregar correntes e outros instrumentos de penitência eram para mim um tormento, pois não sentia dor alguma... Não sinto dor com os açoites, mas sofro por não sentir dor. Portanto, ó meu Jesus, onde está o sofrimento? Envia-o para mim, porque em meio a ele talvez eu encontre o seu amor.[8]

---

8 Giuliani, *Il mio calvario. Autobiografia*, p.174-5; Giuliani, *Il Diario*. Ver Salvatori, *Vita di Santa Veronica Giuliani, abbadessa delle cappuccine in Santa Chiara di Città di Castello*.

VIII
A fome

Penso que a primeira e mais oportuna coisa a fazer seja dar a palavra a quem soube ouvir a voz de quem teve uma experiência direta:

> O que podemos dizer da fome crônica? Pode-se dizer que existe uma fome que faz adoecer de fome. Uma fome cada vez mais faminta que se soma àquela que já existe. Uma fome sempre nova que aumenta de forma insaciável e se soma à antiga debelada com esforço. Caminha-se pelo mundo não sabendo dizer outra coisa de si exceto ter fome. Não se consegue pensar noutra coisa. O palato é maior do que a cabeça, uma cúpula alta que penetra até o crânio. Quando a fome torna-se insuportável, o palato estica, com se uma pele fresca de lebre estivesse estendida atrás do rosto para secar. As bochechas secam e recobrem-se de uma penugem pálida.[1]

---

[1] Müller, *L'aitalena del respiro*, p.21.

A linha divisória entre o que se imagina e o que é que se experimenta tende a desaparecer entre os grandes escritores. Como nesta meia página de Vasily Grossman, que se refere à terrível fome que ocorreu na Ucrânia no início da década de 1930:

> A neve já havia derretido, quando os homens começaram a inchar; havia chegado o edema da fome: rostos inchados, pernas como almofadas, água nas tripas, urinando nas pernas o tempo todo, não se podia nem ir ao quintal. E os seus filhos!... Cabeças pesadas como balas de canhão, pescoços finos como os das cegonhas, e nas mãos e pés podia-se enxergar o movimento de cada ossinho... Crianças com aparência de velhinhos, aborrecidos, como se já tivessem vivido setenta anos; e na primavera já não havia um rosto: agora se assemelhavam a cabeças de pássaros, com o seu pequeno bico, e com os olhinhos de uma rã; outros tinham grandes lábios e finos; outros pareciam ainda pequenos góbios, com a boca escancarada. Eles não tinham mais um rosto humano.[2]

Todos nós ficamos estarrecidos quando vimos pela primeira vez as fotografias dos rostos e soubemos o número de crianças que morrem de fome atualmente (ou seja, devido a uma quantidade insuficiente de alimento) em cada um dos dias (como se dizia no passado) que Deus nos dá. Na África Subsaariana e no Sul da Ásia, especialmente, morrem todo dia, antes de chegar aos 5 anos, mais de vinte mil crianças. Mais que os números, o que nos estarrece são as imagens daqueles rostos e daqueles

---

2 Grossman, *Tutto scorre...*, p.145.

olhares. Depois, esta impressão vai diminuindo. Destes horríveis e inaceitáveis massacres, em geral, permanece apenas uma lembrança que nos incomoda, e continuamos a viver (com uma espécie de remorso oculto, mas tolerável) e a olhar para nossos filhos, que, em geral, comem muito, e nos preocupamos porque tendem a ficar obesos e todos lemos que isso representa uma séria ameaça ao seu futuro.

Sobre a fome existe, é claro, uma ampla bibliografia e há imagens também emblemáticas, como a de Charlie Chaplin em *Em busca do ouro* (1925), quando come com gosto suas botinas fervidas, saboreando os cadarços como se fossem fios de macarrão. Nessa bibliografia encontra-se um livro extraordinário escrito não por um especialista da fome, mas por uma grande especialista de comunicação (que escreveu sobre a vida no Paleolítico, sobre a vida das flores, sobre as borboletas e muitas outras coisas) chamada Sharman Apt Russell, que publicou, em 2005, *Hunger. An Unnatural History*, traduzido para o italiano em 2006 com o título *Fome. Uma história não natural*, pela Codice Edizoni de Turim. Neste livro encontrei expresso, com particular destaque (e também com uma lucidez extraordinária e, especialmente, sem qualquer autoindulgência), o sentimento que provoca em cada um de nós a presença dessas crianças. O primeiro contato com essas fotografias tinha aberto, na alma de Russell, um porta para a dor. Depois de gerar dois filhos e tê-los amamentado, os olhos dela, um dia, recaíram sobre a fotografia de uma criança morrendo de fome, e de repente a porta abre-se novamente e se escancara:

> Eu queria arrancar a menina daquela página, abraçá-la, criá-la, mandá-la para a escola. Minha visão ficou anuviada. De quem era aquela dor? *A menina da fotografia não era minha filha*. Não explodi em lágrimas, e virei a página do jornal. Eu me sentia cansada, mas só no meu íntimo, profundo e difícil de perceber. A maioria de nós conhece esse sentimento de esgotamento. Temermos que a dor dos outros subtraia a alegria de nossas vidas, que seja quase impossível ter alegria diante de sua dor. Uma menina que está morrendo porque não tem o que comer é um absurdo. Aquela criatura obscurece a visão que temos da janela da nossa cozinha. Arruína o primeiro dia de aula de seu filho. Por fim, parei de recortar artigos sobre a fome. Fechei a porta, mas não tranquei com a chave.[3]

Não trancar a chave aquela porta: já é alguma coisa. Mas não devemos nos esquecer de que há mulheres e homens que nunca a fecharam e que dedicam suas vidas a este problema.

Compreender as experiências dos outros, especialmente quando são dramáticas, é uma tarefa nada fácil, e para muitos impossível. Então vale a pena ouvir a palavra de alguém (como Herta Müller, prêmio Nobel de literatura em 2009) capaz de contá-las.

> Mesmo após sessenta anos do Lager [campo de concentração], comer ainda me emociona. Eu como com todos os poros. Quando como junto com outros me torno desagradável. Eu como com arrogância. Os outros não conhecem a felicidade da boca, são

---

[3] Russell, *Fame. Una storia innaturale*, p.12.

sociáveis e educados à mesa. Quando como passa pela minha cabeça uma gota de grande felicidade... Como com tanto gosto que não quero morrer para não deixar de comer. Há sessenta anos sei que minha volta para casa não pode domesticar a felicidade do Lager. Ainda hoje, com a sua fome, arranca a mordidas o centro de todo sentimento. No meu centro há um vazio.[4]

Para nos sentirmos bem, precisamos de cerca de duas mil calorias por dia. Nos países do Ocidente, consumimos cerca de 2.900. Por volta de um terço da população mundial chega às duas mil calorias e 30% desse terço de população (ou seja, quinhentos milhões de pessoas) dispõem de menos de 1.500 calorias por dia, o que significa que passam fome e que seu corpo acabará numa autofagia. Elas têm de enfrentar magreza, barriga inchada, apatia, desidratação da pele, fraqueza muscular, depressão do sistema nervoso, falta de resistência a doenças, envelhecimento prematuro e, finalmente, morte por inanição. Quase meio século após a denominada Revolução Verde, lemos no relatório de janeiro de 2011 do *Worldwatch Institute* que "uma grande parte da família humana sofre de fome crônica", e apesar dos investimentos na agricultura feitos por governos, organizações internacionais e por várias fundações, ainda não se sabe com clareza o que precisa ser feito para ajudar os 925 milhões de subalimentados.[5]

A fome acompanha toda a história humana, desde a mais remota antiguidade até o presente.

---

4 Müller, op. cit., p.208.
5 www.worldwatch.org/node/6567.

Muitos fizeram pão com sementes de uva ou com flores de avelãs; outros com raízes de samambaias prensadas, secadas e moídas, misturadas com um pouco de farinha. Muitos utilizavam ervas do campo.

A fome ameaçava com a morte toda a raça humana. Uma grande fome

> devastou a Grécia, chegou à Itália, atingindo a Gália e todas as regiões da Inglaterra; os ricos tornavam-se pálidos como os pobres, e a fúria da fome levou os homens a comer carne humana.

De passagens desesperadas como estas (a primeira é de Gregório de Tours[6] e data do século VI, a segunda é de Rodolfo Glaber,[7] escrita no século XI), a história está repleta. Uma quantidade quase infinita de histórias faz referência a períodos históricos e países distantes, muito distantes um do outro.

Em geral, temos poucas e confusas ideias sobre o nosso passado e sobre a vida cotidiana desse período. Dois exemplos são suficientes. O primeiro: o título oficial do Grão-Ducado da Toscana era o seguinte: "Os felicíssimos Estados do Sereníssimo Grão-Duque". Devemos, contudo, ter em mente, como deixa claro Carlo Maria Cipolla, que "antes da Revolução Industrial não havia nem sombra de Estados Felicíssimos; o que havia eram restritos grupos de felicíssimos, cuja felicidade era conseguida com

---

[6] de Tours, *Historia Francorum*, VII, 45.
[7] Glaber, *Historiae*.

a infelicidade dos outros".[8] No final do século XVI chegou à Toscana o inglês Robert Dallington, que publicou em Londres, em 1605, um livro de memórias de viagem. Ali está escrito que em Prato o consumo de carne era, em média, de vinte libras por ano. Vinte libras equivalem a cerca de sete quilos. Sete quilos de carne por ano: uma quantidade tão irrisória – escreveu Dallington – que em Londres ninguém acreditaria. São os viajantes que "olham apenas para a beleza da cidade e para as fachadas dos edifícios, que pensam que este seja o paraíso da Europa". Cipolla aproveita a oportunidade para nos informar que, em 1860, o consumo *per capita* de carne bovina e suína na Itália era de aproximadamente 4,5 quilos por ano. Com base na informação contida no site www.veganitalia.com,[9] penso que vale a pena comparar tais dados com os atuais. O consumo de carne *per capita*, na África, é de 11,3 quilos; nos países do sul e do leste da Ásia é de 41 quilos; nos países industrializados é de 81 quilos por ano. Hoje são muitos os que defendem a possibilidade (para os mais catastróficos, a necessidade) de uma redução de 40% no consumo de carne nos países industrializados.

O segundo exemplo tem a ver com a ligação estrutural entre epidemias e a morte por fome. Nesse sentido, é emblemática a história de Marchionne di Coppo Stefani, cronista florentino, que

---

8 Cipola, *Contro un nemico invisibile. Epidemie e strutture sanitarie nell'Italia del Rinascimento*, p.34-6.
9 www.veganitalia.com/modules/news/article.php?storyid =1241.

escreve sobre a peste entre os anos de 1347 e 1348, dizendo:

> Muitos morreram sem serem vistos, e muitos morreram de fome, dado que quando alguém se acamava, os de casa, assustados, diziam-lhe: "Vou chamar o médico" e, após fecharem a porta, nunca mais voltavam.[10]

Em *Storia economica dell'Europa pre-industriale*, Cipolla descreve os efeitos da chamada "pequena era glacial", que vai de meados do século XVI até o final do século XVIII. Invernos rigorosos e verões frescos, aumento da queda de neve e das chuvas, avanço das geleiras alpinas. O aumento das chuvas dificulta a maturação e não permite o enraizamento das plantas. Na década de 1590, houve uma derrocada da agricultura em toda a Europa Ocidental.

A nossa península também viu suas colheitas serem atingidas, inclusive a Sicília, o celeiro da Itália, que, em 1592, deixou de exportar trigo e se viu também em situação de fome. A situação tornou-se tão grave que, segundo os testemunhos da época, a população de toda a Itália passou a comer cães, gatos e até mesmo serpentes.[11]

Como está claro para todos, o dramático problema da fome ainda é uma ferida aberta. Segundo a Organização das Nações Unidas para a Alimentação

---

10 www.7doc.it/storia/35-la-peste.html.
11 Cipolla, *Storia economica dell'Europa pre-industriale*, p.256; ver também Cipolla, *Saggi di storia economica e sociale*.

e a Agricultura, "entre 1999 e 2005, 850 milhões de pessoas em todo o mundo eram desnutridas". Mas havia pouco conhecimento sobre a fome até 1950, quando foram publicadas as mais de mil páginas dos dois volumes intitulados *Biology of Human Starvation* (com o relato da denominada "Experiência de Minnesota" sobre os efeitos de um jejum prolongado e de uma quase inanição envolvendo trinta e seis voluntários) a respeito da fome como uma doença que leva à morte, embora muitos casos de falta de alimento tenham sido lembrados, descritos e até mesmo estudados com muito afinco. Entre eles destaca-se o que aconteceu em Varsóvia, em 1940, quando os judeus que ali viviam foram enclausurados numa área de catorze quilômetros quadrados. A história do que ali aconteceu é narrada no livro de Charles Roland intitulado *Courage Under Siege* [Coragem sob o cerco] e no diário (disponível em italiano) escrito por Abraham Lewin intitulado *Una coppa di lacrime: diario del ghetto di Varsavia*. No texto de 13 de setembro de 1941, lemos:

> Fomos rebaixados ao nível de animais errantes. Quando vemos os corpos inchados e seminus de judeus que jazem nas ruas, sentimos como se estivéssemos num estágio subumano... Para todos aqueles que morrem de fome, uma morte rápida e violenta constituiria certamente um alívio diante do sofrimento terrível e prolongado de sua agonia mortal.

Mas os médicos judeus confinados no gueto estudaram e descreveram, com precisão e riqueza de detalhes, os efeitos da fome sobre o organismo. Em 6 de julho de 1942, o dr. Joseph Stein proferiu uma conferência, em uma reunião secreta de médicos (na verdade, um importante congresso científico), sobre a doença da fome em sua forma extrema. Em abril de 1943, depois da revolta armada de homens e mulheres judeus que decidiram resistir, o gueto de Varsóvia foi queimado e totalmente destruído.

Hoje a fome enquanto problema coletivo afeta uma parte do mundo, que não é aquela em que fomos escolhidos para viver. Mas basta voltar um pouco no tempo... Em 2009, foi publicada na *Nature* a sequência do genoma da chamada "praga da batata", o agente patógeno (denominado *Phytophtora infestans*), que atualmente custa a cada ano aos agricultores mais de quatro bilhões e meio de euros. Ele possui uma grande capacidade de adaptação, se reproduz por meio de milhões de esporos que penetram no solo e atacam o tubérculo. As plantas, uma vez infectadas, morrem no prazo de uma semana. O *Phytophtora infestans*, antes considerado um fungo, agora é reconhecido como um "mofo aquático" e, como tal, "se aproxima mais do parasita da malária do que dos cogumelos".[12] Em 1845, na Irlanda, esta praga infestou um terço das batatas, que tinham se tornado o elemento básico da alimentação dos camponeses. No ano seguinte, toda a produção foi perdida. Após a safra normal de 1847, a praga atingiu as colheitas de 1848, 1849 e 1850. O quadro da falta de alimento, a miséria, o sofrimento atroz de homens, mulheres e crianças, tornaram-se conhecidos em todo o mundo. Como escreveu Sharman Apt Russell, a *Grande Fome* não foi inevitável:

---

12 http://cordis.europa.eu/fetch?caller=newslink it_c&rcn= 31230&action=d.

Muitas pessoas teriam sido salvas se o governo britânico e a elite irlandesa tivessem intervindo de forma eficaz. De 1845 a 1850, o Ministério do Tesouro inglês aplicou pouco mais de 7 milhões de libras em ajudas, em comparação com os 20 milhões que ele havia dado àqueles que, nas Índias Ocidentais, possuíam escravos, para que pudessem emancipá-los, ou com os 70 milhões de libras que em breve gastariam na guerra da Crimeia.[13]

Sobre a *Grande Fome* na Irlanda, sobre as responsabilidades, as irregularidades e as falhas, muitas discussões ocorreram e continuam a ocorrer. A escassez de alimento que atingiu a Ucrânia em 1932 e 1933, denominada *Holodomor* ou *fome em massa*, foi definida – em uma lei a esse respeito aprovada em 2006 pelo Parlamento Ucraniano – como um genocídio ou como um acontecimento intencionalmente provocado e, depois, administrado com base em escolhas bem precisas. A maioria dos historiadores defende, como verdade evidente, que essa grande fome foi *ocasionada* pelas decisões políticas do stalinismo. Essa tragédia foi apagada da história pelo regime de Stálin e recordada apenas pelos emigrantes. No entanto, poucos são os historiadores fora da Ucrânia que aderiram à tese de que a grande fome deva ser definida como genocídio ou que tenha sido *provocada deliberadamente* e que as escolhas políticas desastrosas de Stálin sobre a coletivização forçada, sobre a exploração excessiva das colheitas e do gado

---

13 Russell, *Fame. Una storia innaturale*, p.196; ver Woodham--Smith, *The Great Hunger: Ireland 1845-49*; Gray, *The Irish Famine*; Vernon, *Hunger: a modern history*.

tivessem como finalidade consciente e desejada o extermínio do povo ucraniano. As conclusões de vários encontros mundiais sobre esta questão também foram influenciadas por razões ou conjunturas políticas. Mesmo o número de vítimas é muito discutido, variando de meio milhão a dez milhões de mortos.

Em maio de 2000, Dick G. Vanderpyl reevocou o período de novembro de 1944 a maio de 1945, e que permanecera na sua memória e na dos holandeses como "o inverno da fome". Os aliados marchavam para Berlim, mas a parte ocidental da Holanda ainda estava ocupada por tropas alemãs. Milhões de holandeses enfrentaram um período terrível. Durante aquele inverno não havia nem aquecimento nem eletricidade, as rações incluíam um pedaço de pão e um quilo de batatas por semana. Batatas estragadas pela geada, bulbos de tulipa e beterrabas tornaram-se o único alimento disponível.[14] Móveis e casas foram desmontadas para garantir o aquecimento. Trinta mil pessoas morreram de fome. O exame das fichas dos hospitais a respeito das crianças concebidas e nascidas durante aquele inverno e, posteriormente, o exame dos testes exigidos pelo exército holandês de todos os rapazes com 18 anos, permitiram levantar e tornar públicas importantes conclusões sobre os efeitos a longo prazo de uma nutrição deficiente durante a infância.[15]

---

14 www.rcnzonline.com/fnf/al22.htm.
15 Russell, *Fame. Una storia innaturale*, p.149.

Em 1996, Jasper Becker[16] publicou um livro sobre a fome na China de Mao, relatando um dos piores períodos de fome da história. Ela começou com a coletivização no campo, com o estímulo dado a uma industrialização forçada, com as declarações forjadas a respeito das colheitas por parte dos produtores, com um injustificado aumento das exportações de alimentos, com uma campanha contra os que se aproveitavam dessa situação para enriquecer. Fala-se de números que variam entre catorze e trinta milhões de mortos. Cinco anos antes, em 1991, foi publicado na Inglaterra o livro *Cisnes selvagens*, de seiscentas páginas, escrito por Jung Chang, nascida em 1952 e que tinha feito parte da Guarda Vermelha, trabalhando como "médica descalça" antes de deixar a China, em 1978, e transferir-se para a Inglaterra. Traduzida para 26 línguas, com milhões de cópias vendidas, a obra reconstrói a vida de três gerações de mulheres. Dedica um capítulo aos anos da fome, onde lemos:

> Em Chengdu a ração mensal de alimentos para cada adulto foi reduzida para oito quilos e meio de arroz, cem gramas de óleo e cem gramas de carne, quando possível. Não havia quase nada, nem mesmo repolhos. Muitos sofriam de edemas, um estado no qual os líquidos acumulam-se sob a pele devido à desnutrição; esses doentes assumem uma cor amarelada e ficam inchados... Eu tinha de ir muitas vezes ao hospital para tratar os dentes. Todas as vezes que ia, sofria de náuseas diante do horrível espetáculo de dezenas

---

16 Becker, *La rivoluzione della fame. Cina 1958-1962: la carestia segreta.*

de pessoas com membros inchados e luzidios, quase transparentes, do tamanho de um barril.[17]

Como escreveu Amartya Sen, no início dos anos 1980, a total supressão na China de toda e qualquer forma de informação livre contribuiu para o agravamento da tragédia. Muitos anos mais tarde, os numerosos admiradores ocidentais do maoísmo não se sentiam à vontade em tocar no assunto do Livro Vermelho e na denominada revolução cultural.

No século XX, a fome e a falta de alimentos foram muitas vezes provocadas por escolhas políticas erradas ou equivocadas. Mas, certamente, estiveram estruturalmente relacionadas com o mundo dos campos de concentração. Os deportados nos *lager* nazistas foram alimentados com não mais de 1.300 calorias por dia e hoje estão disponíveis para todos as inúmeras fotografias de crianças e adultos, literalmente reduzidos a esqueletos, que foram tiradas no momento em que as tropas aliadas entraram nos *lager*.[18] Não faltam provas também em relação aos gulag.

> A fome, uma fome tremenda [escreveu Varlam Salomov em *Relatos de Kolyma*], é uma ameaça constante para o fugitivo. A fuga de quem tem fome é normal e, portanto, o fugitivo não tem medo da fome. Mas quem pode fugir diante de outro inquietante perigo: ser comido pelos próprios companheiros? É claro que os casos de canibalismo nas fugas são raros.

---

17 Jung, *Cigni selvatici*, p.293-5.
18 Ver Applebaum, *Gulag. Storia dei campi di concentramento sovietici*; http://coalova.itismajo.it/ebook/mostra/tl02.htm. Ver também Solženicyn, *Arcipelago Gulag*.

Porém existem e entre os velhos de Kolyma, que viveram no Extremo Norte por uma década, parece não ter havido um deles que não tenha encontrado canibais condenados exatamente por terem matado um companheiro durante a fuga, e por terem se alimentado com carne humana.[19]

---

19 Salomov, *I racconti della Kolyma*, p.444-5.

IX
Greves de fome

A abstenção de alimentos e a fome são aqui consideradas como portadoras de mensagens dirigidas aos detentores do poder e à opinião pública como um instrumento político, como uma forma de protesto, como meio para exigir tomadas de medida. Na antiga Índia e na Irlanda medieval já encontramos esta forma de protesto. Na Europa, entre os primeiros a praticar a greve de fome, destacam-se as *suffragette* britânicas que lutavam pela emancipação feminina e pelo direito de sufrágio ou de voto. Marion Wallace Dunlop foi presa em julho de 1909, com a idade de 45 anos, e libertada após uma greve de noventa horas. Em setembro do mesmo ano, o governo britânico introduziu a alimentação forçada nas prisões. Em 1931, Sylvia Pankhurst, que era líder das *suffragette* militantes, publicou um livro intitulado *The Suffrage Movement*, que evoca com horror a violência a que tinha sido submetida por aqueles que conseguiram vencer sua desesperada resistência, separando seus dentes e alimentando-a através de um canudo.[1] Parece incrível, mas foi somente em 2006 que a Associação Médica Mundial definiu a alimentação forçada como "uma forma de tratamento desumana e degradante".

O poeta indiano Rabindranath Tagore usou, referindo-se a Gandhi, nascido em 1869 e morto em 1948, o termo *Mahatma* (em sânscrito, *grande alma*). Aos 17 anos, Gandhi foi estudar Direito na University College de Londres. Com 25 anos vai viver na África do Sul, onde permanece até 1914, e se engaja no movimento pelos direitos civis de seus 150 mil compatriotas. Ele se recusa a obedecer a ordem do presidente de um tribunal de tirar seu turbante e, com uma passagem de primeira classe na mão, rejeita a ordem de um controlador para dirigir-se à terceira classe. Ele viu nesses e em outros incidentes semelhantes a origem do compromisso de toda a sua vida: resistência não violenta à opressão e a luta pela igualdade de direitos.

No decorrer de sua vida, envolveu-se em aproximadamente vinte greves de fome que nunca superaram 21 dias. Mas era de baixa estatura e pesava muito pouco. A sua última e mais dramática greve de fome foi aos 70 anos, na esperança (que se revelaria infrutífera) de uma coexistência pacífica entre hindus, siques e muçulmanos para evitar a separação entre a Índia e o Paquistão. No terceiro dia da greve, Gandhi estava pesando apenas 48 quilos. No sexto dia, após o compromisso do governo de Délhi de respeitar as propriedades e a vida dos

---

[1] Pankhurst, *The Suffrage Movement: an intimate account of persons and ideals*, p.442-4.

muçulmanos e de restituir-lhes suas mesquitas, Gandhi bebeu um copo de suco de laranja. Doze dias depois, ele foi assassinado por um hindu que não acreditava na convivência pacífica e respeitosa entre as diferentes crenças religiosas.[2]

As greves de fome na Irlanda têm uma tradição antiga. Desde o período pré-cristão da Irlanda, serviram para chamar a atenção sobre injustiças sofridas. Os militantes do Exército Republicano Irlandês, como todos os que se envolvem na luta armada com motivações políticas, queriam ser tratados como prisioneiros políticos e não como criminosos comuns. Greves de fome, assumidas em vários casos até a morte, foram desencadeadas em 1917 e no começo da década de 1920, durante a guerra anglo-irlandesa; mais tarde houve três mortes na década de 1940, e ainda outro caso em 1976. Na primavera e no verão de 1981, dez prisioneiros iniciaram uma greve de fome na penitenciária de Maze. Para chamar mais atenção sobre o seu protesto, eles decidiram não entrar em greve de fome juntos, mas um após o outro. O livro de Russell contém uma vívida descrição do que acontece nesses jejuns:

> No começo se tem uma visão dupla. Balbucia-se. Piora a audição. Surge a icterícia. Depois vem o escorbuto por falta de vitamina C. As gengivas começam a sangrar. Pode surgir uma hemorragia no estômago e nos intestinos. Pode haver deficiência de tiamina, o que enfraquece os músculos do coração e provoca lesões no sistema nervoso central e periférico. Enquanto se processa a degeneração das fibras

---

2 Ver Russell, *Fame. Una storia innaturale*, p.78-9.

nervosas, sente-se uma forte dor nos braços. Depois não se consegue mais mover as pernas. A falta de niacina (denominada PP, sigla de Pellagra-Preventing) pode ser a razão das feridas na boca. Este é o processo que leva à inanição... O corpo cai aos pedaços, de muitas maneiras e em muitos lugares; não se pode distinguir um ponto de decomposição quando ela é generalizada.[3]

Esta descrição dramática, como fica evidente, não envolve *todas* as greves de fome, mas somente aquelas que foram levadas ao extremo. Bobby Sands tinha 27 anos e foi o primeiro a morrer após 59 dias sem se alimentar. Todos beberam apenas água com um pouco de sal. Sobreviveram entre 47 e 73 dias. O rol dessas mortes, causadas em vista de um objetivo comum, provocou grande comoção. E provocou também cerca de trinta mortes entre os soldados e policiais britânicos, bem como cinco mortos e trinta gravemente feridos em uma tentativa de assassinato contra Margaret Thatcher.

Os grevistas irlandeses foram evocados pelos prisioneiros que realizaram, na Turquia, uma série de greves de fome para protestar contra as condições desumanas de algumas prisões. A primeira delas causou quatro mortes em 1984. Em 1996, uma nova greve provocou dezesseis mortes. Em 2000, foram iniciadas greves contra a criação de prisões especiais. Vinte e oito presos e dois soldados morreram em confrontos que ocorreram após a decisão do governo de usar a força contra a greve. Em Cuba, em junho de 2010, o dissidente Guillermo Farinas, após

---

3 Russell, *Fame. Una storia innaturale*, p.80.

o anúncio da libertação de 52 presos políticos, encerrou sua greve de fome.

Para desvincular a noção de *greve de fome* de seu caráter dramático e atroz, basta recordamo-nos das greves de fome que aconteceram na Itália. Em junho de 2010, me ocorreu ter lido que 120 membros do Partido Democrata alternavam-se em uma greve de fome para exigir que o governo interviesse em favor de uma fábrica em crise.[4] Cento e vinte deputados que se revezavam? Quanto tempo estiveram em greve? E quantos dias, horas ou minutos durou o envolvimento de cada um deles (lembrando que entre eles estavam importantes personalidades)?

---

[4] www.partitodemocratico.it/dettaglio/103198/noi_il_caso_eutelia_e_gli_appetiti_mediaset.

X
Canibais

O termo *canibais* foi introduzido na Europa por Cristóvão Colombo, mas já na Antiguidade, Heródoto, Estrabão, Plínio, o Velho, Ptolomeu falam de populações que se alimentam de carne humana. Na mitologia grega, Cronos devora seus filhos e Dioniso é devorado pelos Titãs; Tântalo, para comprovar se os deuses são realmente oniscientes e conseguem distinguir entre a carne humana e a animal, mata seu filho Pélope, o corta em pedaços e dá-lhes para comer; Medeia, em vingança pela traição de Jasão, serve-lhe à mesa seus dois filhinhos. Tereu, esposo de Progne, violenta Filomela, irmã de Progne, e corta-lhe a língua. Em vingança, Progne e Filomela matam o pequeno Iti, filho de Tereu, cortam seus membros em pedaços, põem parte deles para ferver e parte para assar e os servem ao pai. Na narrativa de Homero, os Ciclopes, os gigantes que têm apenas um olho, não temem os deuses e vivem sem leis, golpeiam contra o solo o corpo dos companheiros de Ulisses, esparramam seu cérebro e sangue e os comem. Após a fuga de Ulisses e de seus companheiros – narra Ovídio nas *Metamorfoses* (XIV, 192-196) –, Polifemo espera que alguns deles possam retornar para esquartejá-los vivos com as mãos, comer suas vísceras, beber seu sangue e ouvir o ruído de seus membros triturados com os dentes. Fazem parte da memória coletiva do Ocidente o conde Ugolino, citado no *Inferno* de Dante (e retratado em uma pintura de William Blake); o terrível quadro *Saturno devorando seu filho*, de Francisco de Goya (1819); a bruxa, presente no início do século XIX no conto dos Irmãos Grimm, que prende o pequeno João na gaiola para engordá-lo e depois comê-lo, mas que com um empurrão de Maria (irmã de João) acaba assada no forno (para grande satisfação do leitor).

Em *O milhão*, Marco Polo fala do canibalismo praticado por populações do Japão e de Sumatra. Mas o tema ganha uma verdadeira explosão com as descobertas das Américas. "En las Índias", escreveu o jesuíta José Acosta na sua *Historia natural y moral de las Indias* (1590), "todo es portentoso, todo es sorprendente, todo es distinto y en escala mayor que lo que existe en el Viejo Mundo".[1] Também Cristóvão Colombo, Fernando de Magalhães e inúmeros outros viajantes e navegadores do início da Idade Moderna, ao desembarcar no Novo Mundo, viram com seus próprios olhos coisas nunca vistas antes. A simples visão das novas terras contribui para

---

1 "Nas Índias tudo é grandioso, tudo é surpreendente, tudo é diferente e numa escala maior do que existe no Velho Mundo." (N. T.)

minar a ideia da superioridade dos antigos. Simples marinheiros – afirma-se em vários lugares – são capazes de ver o contrário do que os filósofos gregos e os padres da Igreja haviam dito sobre a possibilidade de habitação nas zonas tórridas, sobre a existência dos Antípodas, sobre a navegação nos oceanos, sobre a impossibilidade de cruzar as colunas de Hércules. Paracelso, o grande médico do início do século XVI, não viu nos indígenas americanos traços humanos. Como os gigantes, os gnomos, as ninfas, "eles são semelhantes aos homens em tudo, exceto na alma". São

> como as abelhas, que têm o seu próprio rei, como os patos selvagens, que têm um chefe; e não vivem de acordo com a ordem das leis humanas, mas de acordo com leis inatas da natureza.

Mesmo o humanista Juan Ginés de Sepúlveda, dentre muitos outros escritores e filósofos e viajantes, apresentou os indígenas americanos como uma subespécie de homens, capazes de qualquer tipo de "perversidade abominável". O extermínio era justificado pela crença de que os exterminados não pertenciam à espécie humana.

Totalmente diversas são as afirmações contidas em uma famosa página dos *Ensaios* (1580), de Michel de Montaigne, e que faz referência a tribos do Brasil: para julgar os povos não europeus não é possível nem lícito adotar o ponto de vista europeu e cristão. A humanidade se expressa em uma variedade infinita de formas e "cada qual denomina barbárie aquilo que não faz parte de seus costumes". A defesa paradoxal do canibalismo, presente nos *Ensaios*, parte deste princípio. Espelhando-se na tortura infligida pelos portugueses aos indígenas, Montaigne diz que

> há mais barbárie em comer um homem vivo do que em comê-lo morto, em dilacerar com suplícios e tormentos um corpo ainda sensível, assando-o lentamente, e jogando-o aos cães e porcos (o que não apenas lemos, mas vimos recentemente, não entre antigos inimigos, mas entre vizinhos e concidadãos e, o que é pior, a pretexto de uma crença religiosa), que em assá-lo e comê-lo depois de morto.[2]

Esse ensaio de Montaigne nos lembra as palavras de Gonzalo em *A tempestade*, de Shakespeare, na qual o nome do disforme e selvagem Caliban é um anagrama aproximado de canibal. Nas páginas ferozes de *Modesta proposta* (1729) do irlandês Jonathan Swift, ante a terrível situação das crianças pobres, reaparece a referência à carne humana como alimento. A coisa mais horrível que pode ser imaginada – e é exatamente isso que Swift quer passar a seus leitores – não é mais horrível que a situação atual em que, em meio à indiferença geralizada, uma multidão de mulheres miseráveis pedem esmola "acompanhadas de três, quatro ou seis crianças maltrapilhas".[3]

Uma horda primitiva, dominada por um patriarca onipotente que tem o poder absoluto e exclusivo e a posse de todas as mulheres do grupo, está no centro do grande relato histórico de Sigmund Freud sobre a

---

2 Montaigne, *Saggi*, p.272, 278.
3 Swift, *Una modesta proposta e altre satire*, p.103.

origem da civilização e da religião contido em *Totem e tabu* (1912-1913). Os filhos se reúnem e se rebelam contra seu pai, que os havia proibido de manter relações sexuais com mulheres da horda, o matam, o cortam em pedaços e devoram seu corpo. O canibalismo encontra-se nas origens da civilização porque o remorso e um forte sentimento de culpa transformam o pai morto em um totem ou espírito protetor do grupo e dão lugar ao tabu do incesto, ou seja, a renúncia às mulheres da horda e a instituição da exogamia, que exige o casamento com uma mulher estranha ao próprio grupo social. Freud não criou apenas uma nova imagem da criança, não afirmou apenas que existem tendências infantis no adulto. Ele também apoiou explicitamente a ideia de que na criança reemergem tendências características do mundo primitivo e das formas mais primitivas de civilizações. A criança retoma o caminho que foi seguido na evolução das espécies: há um momento de sua vida em que tende a colocar na boca tudo o que lhe interessa. Existe uma fase oral ou canibalista do desenvolvimento psíquico do indivíduo. Quando escreve a *Introdução à psicanálise* (1915-1917), Freud retoma e enfatiza conceitos relacionados ao lamarckismo e ao legado de Haeckel: tanto o desenvolvimento do ego quanto da libido "no fundo constituem uma herança, repetições abreviadas do desenvolvimento ocorrido na humanidade desde sua origem durante um longo espaço de tempo".[4] No *Vocabulário de psicanálise* de

---

4 Freud, *Opere*, v.VI, p.406; v.VII, p.569; v.VIII, p.510, 256; ver Sulloway, *Freud biologo della psiche: al di là della legenda psicoanalitica*, p.218-25; 285-93; 419-34.

Jean Laplanche e Jean-Baptiste Pontalis encontramos o verbete *Incorporação*, no qual está escrito:

> Na incorporação estão presentes, na verdade, três significados: obter prazer fazendo penetrar um objeto em si; destruir este objeto; assimilar as qualidades desse objeto conservando-o dentro de si.[5]

Eu não sei se Italo Calvino conhecia tais textos ou com quais outros ele tinha familiaridade. Ele disse em uma conferência, em Nova York, que estava escrevendo um livro para demonstrar que o homem contemporâneo perdeu o uso dos cinco sentidos. Mas também é importante lembrar aqui seu conto "Sapore sapere", de 1982, e republicado em *Sob o sol-jaguar*, de 1986:

> Sob a pérgula de palha de um restaurante às margens de um rio, onde Olivia tinha me esperado, nossos dentes começaram a mover-se lentamente com ritmo similar, e nossos olhares fixam-se um no outro com intensidade de serpentes. Serpentes mimetizadas na aflição de engolir-se reciprocamente, conscientes de sermos também devorados pela serpente que a todos nos digere e assimila sem cessar no processo de ingestão do canibalismo universal que põe sua marca em cada relação amorosa e anula os limites entre os nossos corpos e a sopa de *frijoles*, o *huacinango a la veracruzana*, as *enchilades*.[6]

---

5 Laplanche; Pontalis, *Enciclopedia della psicoanalisi*, p.233.
6 Calvino, *Sotto il sole giaguaro*, p.48.

A literatura sobre o canibalismo é muito vasta. Merecem um lugar à parte alguns textos da década de 1920 caracterizados por uma forte e, muitas vezes, violenta veia polêmica, e pelo que se denominava "recusa existencial". Neste contexto (como aconteceu na Itália com o futurismo), o positivismo, a erudição, a arte realista, o método histórico, a mentalidade burguesa e a democracia se configuram como infames inimigos a serem destruídos. O mais famoso desses textos é o *Manifesto antropófago* publicado, em 1928, pelo poeta e polemista brasileiro Oswald de Andrade, no qual o canibalismo é apresentado como o modo de o Brasil afirmar sua grandeza contra a dominação política e cultural dos europeus. Ali se fala de uma Revolução Caraíba maior que a Revolução Francesa, ali se afirma que os europeus que chegaram ao Brasil "não eram cruzados, mas fugitivos de uma civilização que estamos comendo".[7] A civilização europeia – afirmavam os modernistas brasileiros – não devia ser rejeitada, mas absorvida, incorporada. O canibalismo torna-se a expressão desta tese: *o europeu deve ser devorado*. Escândalo e provocação parecem ser a melhor forma de divulgar ideias. O ensaio/ manifesto de Oswald de Andrade, publicado no primeiro número (maio de 1928) da *Revista de Antropofagia*, apresenta a seguinte datação: "Ano 374 da Deglutição do Bispo Sardinha". Em 1554, este bispo fora realmente comido.

---

7 Ver Pincherle; Finazzi-Agrò (eds.), *La cultura cannibale. Oswald de Andrade: da "Pau-Brasil" al "Manifesto antropofago"*. Ver também Monfredini, *Il cannibalismo*.

Essa refeição teve um notável sucesso. Tornou-se um símbolo. Foi discutida muitas e muitas vezes em diferentes países. Um exemplo: em 2 de maio de 1996, em um centro de pesquisa sobre teatro, em Milão, foi apresentado "um espetáculo totêmico, prelógico ligado ao pensamento selvagem" de Mauricio Paroni de Castro (brasileiro de São Paulo, então com 35 anos), que cita, em apoio ao seu *menu*, o primeiro ponto do *Manifesto* de 1928: "Só a antropofagia nos une. Socialmente. Economicamente. Filosoficamente". Esse manifesto terminava, como já se disse, com a deglutição de um bispo. No artigo de apresentação do espetáculo de 1996, publicado no *Corriere della Sera* em 19 de abril daquele ano, se diz: "Quem tiver estômago siga em frente", porque a partir de 2 de maio o que vai ser oferecido aos milaneses "é a experiência gastronômica mais chocante: comer e saborear os próprios semelhantes".[8] Podemos ainda dizer: esta exaltação da antropofagia tem um valor apenas simbólico, pois refere-se à assimilação de outras civilizações e a uma "digestão" metafórica de parte da civilização a que pertencemos. Mas, dado seu valor publicitário, parece realmente difícil não se lembrar, neste ponto, da definição freudiana de tabu: uma proibição muito antiga imposta por uma autoridade e dirigida contra os desejos mais intensos dos seres humanos.

O tema do canibalismo sempre foi rico em controvérsias, e há muitas opiniões divergentes a respeito das culturas primitivas. Também não há dúvida de que as ferramentas para conhecer o comportamento

---

[8] Manin, Tra macumbe e cannibalismo, ecco l'appetito di Rabelais, *Corriere della Sera*, 19 abr. 1996.

das culturas mais antigas se ampliaram muito. Como escreveu Karl J. Reinhard,[9] o estudo dos coprólitos, ou seja, dos excrementos antigos preservados devido à desidratação ou à mineralização, permite aos estudiosos identificar o tipo de nutrição e as espécies de parasitas presentes em uma cultura pré-histórica. Utilizando estas técnicas, Reinhard considera ter isentado os antigos anasazi que viveram no planalto do Colorado após 1.200 d.C. (são também chamados *povos antigos* pelos seus atuais descendentes diretos) da acusação (também muito antiga) de ter sido uma civilização violenta e canibalesca.

Eu acredito que tenham razão os historiadores que, como Mary Josephine Muzzarelli,[10] defendem que o tema do canibalismo talvez deva ser reavaliado, superando a dificuldade de admitir a existência de comportamentos muito questionados pelos nossos antepassados. Em 1185, em Constantinopla, Andrônico Comneno foi dado em alimento às mulheres, "que o cortaram em pedaços e quem podia ter um deles do tamanho de um grão-de-bico o comia, não restando qualquer ossinho ou articulação sem ser comidos"; em 1343, em Florença, Guglielmo d'Ascesi e seu filho Gabriele foram entregues pelo duque de Atenas à multidão enfurecida e alguns "comeram sua carne crua e cozida"; em 1476, em Milão, os milaneses comeram o coração de Andrea Lampugnani, que tinha atentado contra a vida do

---

9 Reinhard, La leggenda dei pueblo cannibali, *Darwin*, 17, jan.-fev. 2007, p.44-54, originalmente publicado em *American Scientist*, v.94, 2006, p.254-261.
10 Muzzarelli; Tarozzi, *Donne e cibo. Una relazione nella storia*, p.62-3.

duque Galeazzo Maria Sforza; em 1488, em Forlì, os corpos dos conjurados com Girolamo Riario foram comidos pela multidão.[11] O nono conto da quarta jornada do *Decamerão* de Giovanni Boccaccio intitula-se:

> "*Messer* Guglielmo Roussillon dá a comer à sua esposa o coração de *messer* Guiglielmo Guardastagno, morto por ele e amado por ela, e ela, ao inteirar-se disso, se joga de uma alta janela e morre, e é sepultada com seu amante."

O primeiro conto da mesma jornada é assim apresentado:

> "Tancredo, príncipe de Salerno, mata o amante de sua filha e envia-lhe o coração em um cálice de ouro; jogando sobre ele água envenenada, ela bebe e assim morre."

Mais do que pelas teorias dos antropólogos e pelas análises detalhadas dos historiadores,[12] o interesse dos leitores e de um vasto público foi atraído pelos episódios da crônica. Nela tiveram uma grande ressonância os episódios que, em um seminário realizado no Collège de France em 1974, Claude Lévi-Strauss chamou de "canibalismo por fome", e que deve ser colocado, como um terceiro tipo, ao lado do exocanibalismo (come-se o inimigo para

---

11 Ver Cantarella, *Principi e corti. L'Europa del XII secolo*, p.31-2; e Cantarella, Cosa bolle in pentola, *Medioevo*, fev. 2002, p.62-6.

12 Ver, por exemplo, Di Maio, *Il cuore mangiato: storia di un tema letterario dal Medioevo all'Ottocento*.

incorporar suas qualidades) e do endocanibalismo, no qual, pela mesma razão, se come o corpo dos próprios mortos.[13] Este terceiro tipo teve, ao longo da história, uma grande difusão. Para nos limitarmos aos tempos mais recentes, tanto na Ucrânia, durante a escassez de alimentos dos anos 1932-1933, como na China, durante a escassez de 1958 (referida anteriormente aqui no capítulo "A fome"), houve numerosos e documentados casos de canibalismo. No já citado livro *Cisnes selvagens* narra-se a história de um casal que

> vendia carne seca: tinham sequestrado e assassinado uma grande número de crianças e depois vendiam sua carne, como carne de coelho, a preços exorbitantes; o casal foi executado e o caso abafado, mas se sabia que o assassinato de crianças era corriqueiro.[14]

Durante o cerco de Leningrado, em 1941, se retalhavam bifes das nádegas ou pernas dos cadáveres congelados e abandonados pelas ruas. Durante o cerco, cerca de duas mil pessoas foram presas por terem comido carne humana.[15] Tratava-se de comportamentos que se tornaram, naquelas dramáticas e alucinantes situações, verdadeiras práticas ocultas, terríveis e provisórias. A respeito dos casos de canibalismo ocorridos em 1933 no *gulag* da ilha de Nazino (junto ao rio Ob, na Sibéria), existe um livro bem documentado de Nicolas Werth,[16] ex-adido cultural

---

13 Ver Clément, *Lévi-Strauss*, p.89.
14 Jung, *Cigni selvatici*, p.297.
15 Salisbury, *I novecento giorni: assedio di Leningrado*, p.128.
16 Werth, *L'isola dei cannibali. Siberia, 1933: una storia dì orrore all'interno dell' arcipelago gulag*.

da embaixada francesa em Moscou e atualmente professor de história no Centre National de la Recherche Scientifique (CNRS), em Paris.

Em geral procura-se minimizar ou apagar da memória esses episódios assustadores e essas tragédias coletivas que envolveram milhares de pessoas. Fala-se pouco sobre isso. São os historiadores que se referem ao holocausto e aos extermínios, diversamente do que acontece diante de situações dramáticas que, repentina e inesperadamente, atingem um determinado grupo de pessoas.

Entre os muitos exemplos de canibalismo causado pela sobrevivência ou pela fome, recorda-se com frequência do caso do naufrágio do *Medusa*, um navio francês (comandado por um indivíduo incompetente e arrogante) que transportava soldados e civis para o Senegal. Naufragou em julho de 1816, a sessenta milhas da costa africana. Em uma jangada precária subiram 147 pessoas. Após treze dias foram resgatadas quinze delas. Os náufragos mataram companheiros e os comeram. O famoso e gigantesco quadro (nove metros por sete) de Théodore Géricault (pintado entre 1818 e 1819, e conservado no Louvre) deu um grande impacto à tragédia.[17] Mas o caso mais famoso é o da aviação uruguaia, acontecido na tarde de 13 de outubro de 1972, em uma geleira nos Andes, a quatro mil metros de altitude, com uma temperatura entre trinta e quarenta graus abaixo de zero. Das 45 pessoas que estavam a bordo, dezoito morreram imediatamente; outras onze, por causa de lesões, poucos dias mais tarde. As restantes ouviram pelo rádio (que podia receber

---

17 Miles, *La zattera della Medusa*.

sinais, mas não transmitir) que as buscas tinham sido interrompidas. Após vários dias do acidente, começaram a alimentar-se com pequenos pedaços de carne retirados dos cadáveres congelados de seus companheiros de viagem. Eles foram resgatados, em 22 de dezembro, mais de dois meses após a queda, depois que dois membros do time de rúgbi que viajava no avião conseguiram chegar à planície, com uma marcha forçada de duas semanas. Em 1974, foi escrito um livro, que inspirou o filme *Vivos*, de 1993. Nando Parrado, um dos protagonistas, publicou em maio de 2006 um livro de memórias intitulado *Milagre nos Andes*. Em 2002, perguntaram-lhe se já tinha pensado novamente em sua decisão. Ele respondeu: "Voltei a pensar um milhão de vezes naqueles dias. Não faço outra coisa" (*La Repubblica*, 11 de outubro de 2002).

Não é possível deixar de destacar que durante o século XX e o início do novo milênio houve um forte crescimento de uma mórbida fascinação por episódios de canibalismo. Esta encontrou expressão principalmente no extraordinário sucesso dos livros e filmes focados na figura do psiquiatra antropófago Hannibal Lecter, interpretado pelo ator Anthony Hopkins no filme dirigido por Ridley Scott. Mas o *serial killer* que mata e come partes de suas vítimas não é uma invenção literária ou cinematográfica. Jeffrey Dahmer, denominado "o canibal de Milwaukee", nascido em 1960, além de matar e desmembrar suas vítimas, come parte delas. Entre 1978 e 1991, matou dezessete pessoas. Condenado à prisão perpétua por quinze vezes (em Wisconsin não há pena de morte), foi morto, em 1994, por um companheiro de prisão. Armin Meiwes, 42 anos (denominado "o canibal de

Rotenburg"), é um especialista em computação. Em um anúncio on-line pergunta se há um jovem, entre 18 e 30 e anos, disposto a ser morto e comido. Entre as quase duzentas respostas recebidas encontra-se a de Barnd Brandes, um engenheiro elétrico que se oferece não para ser boi de piranha, mas para tornar-se um jantar. Ele se encontra com Meiwes, por iniciativa deste, em março de 2001. Pede a Meiwes para cortar seu pênis, que foi cozido e comido por ambos. Passadas mais de dez horas após a ingestão, com forte hemorragia, é morto, e nos meses seguintes é cortado e parcialmente comido. Em uma série de jantares à luz de velas, em uma mesa posta, o canibal come cerca de vinte quilos dessa carne, acompanhados de vinho sul-africano. Meiwes estava convencido de que tinha adquirido algumas qualidades de Brandes, incluindo a melhoria no conhecimento de inglês. Os restos mortais da vítima foram enterrados no jardim. O código penal alemão não incluía o ato de canibalismo como crime. Um crime acordado entre duas pessoas, perguntou o juiz, pode ser considerado crime? Em 30 de janeiro 2004, Meiwes foi condenado a oito anos e meio de prisão, mas depois, com o recurso da acusação, foi condenado, em 2006, à prisão perpétua.

Muito além da imaginação está o caso do japonês Issei Sagawa, estudante da Sorbonne que, em 1981, convidou à sua casa, em Paris, uma jovem holandesa, sua colega de classe. Matou-a, cozinhou-a e comeu várias partes de seu corpo. Colocou os restos do cadáver em duas malas e tentou descartá-las em um parque parisiense. A polícia conseguiu chegar ao autor e encontrou partes da vítima na geladeira. Em 1984, foi internado em um hospital japonês e, por mais incrível que pareça, foi libertado em 1986. Concedeu entrevistas, e seu crime tornou-se tema de um livro escrito por Juro Kara, conhecido escritor japonês, intitulado *L'adorazione*. Esse livro ganhou o mais importante prêmio literário do Japão, com venda de mais de um milhão de cópias. A revista mensal parisiense *Photo*, que tinha publicado a assustadora foto do corpo da vítima, "foi censurada pela justiça e retirada de circulação, mas tarde demais: 160.000 cópias já haviam sido vendidas".[18]

Sobre os casos de canibalismo na União Soviética e na Rússia, há uma abundante literatura, cuja figura central é Andrei Chikatilo (1936-1994), que começou a matar em 1978, foi julgado e condenado por 52 assassinatos, em 1992, e executado, com um tiro na nuca, em 1994. A este caso foram dedicados vários programas televisivos da Radio Audizione Italia (RAI), conduzidos por Massimo Picozzi sob o título geral de *A linha de sombra*.

---

18 Martinotti, La Francia rimanda a casa il giapponese canibal, *La Repubblica*, 22 mai. 1984.

XI
Vampiros

No livro escrito por Paul Lombardi e intitulado *Streghe, spettri e lupi mannari* [Bruxas, espectros e lobisomens] narra-se que nas florestas da França, durante o século XVI, corriam criaturas metade homem e metade lobo. Elas matavam e muitas vezes devoram suas vítimas. Quando capturadas eram imediatamente processadas e muitas vezes executadas. Um desses personagens confessou a um juiz ter sido motivado pelo desejo de comer carne humana crua. Um caso como este, diz Lombardi, nos permite adentrar num mundo que aceitava a ideia de que a linha divisória entre o humano e o animal podia ser ultrapassada e na qual "as almas dos mortos vagavam entre os vivos, as espécies se transmutavam entre si e a vicissitude das formas eram tais que não havia separações definitivas entre as coisas".[1]

---

1 Lombardi, *Streghe, spettri e lupi mannari. "L'arte maledetta" in Europa tra Cinquecento e Seicento*, p.128.

Havia quem defendesse que os monstros metade homem e metade animal descendiam dos sodomitas e dos ateus, os quais, contrariando a natureza, acasalavam-se com animais. No início do século XVII, a licantropia já não era mais aceita pelos europeus cultos. Onde se apoiavam os núcleos de ideias e crenças difundidas? Acreditar na bruxaria, por exemplo, significava acreditar, em parte ou na totalidade, nas seguintes coisas: seres humanos que voam, que se acasalam durante a noite com o diabo, que se transformam em animais (geralmente gatos ou lobos), que causam doenças, tempestades, fome. A crença na bruxaria não é um fenômeno restrito às sociedades primitivas e bárbaras: deram-lhe crédito personagens como Jaime I da Inglaterra e o grande autor de ciências jurídicas e políticas Jean Bodin. Muitos elementos do mundo das bruxas e dos lobisomens ainda permanecem entre nós. O caso do programador de computador de 40 anos de San Diego, Califórnia, que em 2001 anunciou ao mundo que estava em vias de completar seu sonho de tornar-se um tigre, não traz grandes preocupações. Apesar de ter gasto cem mil dólares, o pobre coitado conseguiu mandar afiar todos os dentes, fazer uma tatuagem com listras pretas e amarelas em todo o corpo e implantar sob o nariz longos pelos de látex. O mundo dos lobisomens e das bruxas sobrevive, na verdade, em algo muito mais dramático e perigoso.

Às vezes eles voltam. O retorno dos mortos entre os vivos é uma ideia muito antiga, mas (sobretudo nos dias de hoje) é importante lembrar que – como está escrito em um livro fundamental sobre o assunto – "os que retornam existem apenas na imaginação dos vivos". Segundo a tradição, os mortos reaparecem, entre seus amigos, durante o luto por sua morte. Isso acontece principalmente quando o rito funerário de passagem da vida para a morte não é realizado ou quando é malfeito. Na Alta Idade Média, a ideia do retorno dos mortos entre os vivos é considerada uma crença pagã pela Igreja e por Santo Agostinho. Apenas os santos podem reaparecer. Após o século X, e em particular entre os séculos XII e XIII, o muro erguido por Agostinho começa a ruir até desaparecer completamente. Os mortos falam com os vivos em seus sonhos e se preocupam com eles, querem ajudá-los e procuram comunicar-se com eles. Acontecem também aparições coletivas, como a do Mesnie Hellequin, um grupo de cavaleiros negros barulhentos e aterrorizadores que chegam do além.[2]

No centro do mito do vampiro está o sangue, que não é apenas um líquido avermelhado que flui dentro do corpo. Desde os tempos antigos, nos mitos e rituais que envolvem o sangue está presente tanto a ideia de que existem pessoas que se alimentam de sangue humano, como a ideia de que uma oferta de sangue pode purificar uma pessoa ou uma comunidade e contribuir para a sua salvação. Em ambientes cristãos da era medieval surge o denominado *libelo de sangue*, voltado para os judeus, vistos como seres estranhos e inimigos, e acusados de alimentar-se com sangue cristão. Em Perúgia, em 1471, frei Fortunato Coppola afirma que

---

2 Schmitt, *Les Revenants. Les Vivant et les morts dans la société medievale*, p.65.

os judeus desta cidade e diocese, como cães vorazes, escancaram suas goelas famintas e insaciáveis não só para devorar a riqueza dos pobres, mas sobretudo para beber seu sangue, sugado de suas veias.[3]

Sobre este assunto foi reeditado, em 2007, um livro de Furio Jesi intitulado *Ripensare l'accusa del sangue. La machina mitologica antisemita* [Reconsiderações sobre o libelo de sangue. A máquina mitológica antissemita]. Tinha sido publicado, em 1973, sob um título diferente: *L'accusa del sangue: il processo agli ebrei di Damasco; metamorfosi del vampiro in Germania* [O libelo de sangue: o julgamento dos judeus de Damasco; metamorfose do vampiro na Alemanha]. Entre os muitos exemplos de oferenda purificatória de sangue, pode-se recordar que no dia de Sábado Santo em Nocera Terinese, na Calábria, a procissão de Nossa Senhora das Dores tem a participação dos chamados vattienti.[4] Eles trazem uma coroa de espinhos na cabeça e se autoflagelam com o cardo, um instrumento especial feito com um pedaço de cortiça com treze pedaços de vidro ou pregos. Eles se flagelam publicamente com movimentos sincronizados e derramam seu sangue aos pés da Virgem.[5] O sangue que sai das feridas é aspirado com um pedaço de

---

3 Toaff, *Il vino e la carne. Una comunità ebraica nel Medioevo*, p.152; ver também Taradei, *L'accusa del sangue: storia politica di un mito antisemita*. Ver também Toaff, *Mangiare alla giudia. Cucine ebraiche dal Rinascimento all'età moderna*; Toaff, *Pasque di sangue. Ebrei d'Europa e omicidi rituali*.
4 Flageladores. (N. T.)
5 Faeta, La rappresentazione del sangue in un rito di flagellazione a Nocera Terinese. Scrittura, teatro, imagine. In: Schiavoni (ed.), *Il piacere della paura. Dracula e il crepuscolo della dignità umana*, p.57-67.

cortiça chamado "rosa", usado para deixar marcas nas casas dos que ajudam os *vattienti* a limpar suas feridas com vinho e vinagre durante a flagelação.

Os vampiros alimentam-se de sangue humano e não têm nada a ver com um ato de purificação. Como o corpo dos santos, também o dos vampiros não se decompõe no túmulo, não por vontade divina, mas do diabo. Os vampiros vêm do mundo dos mortos: à noite, saem dos túmulos e atacam os vivos para alimentar-se de seu sangue. No caso do canibalismo, o nosso corpo pode ser objeto do apetite de outras pessoas (no sentido original e não metafórico). Os vampiros, no entanto, têm um desejo insaciável apenas pelo sangue.

Por sorte, ao contrário dos canibais, que foram e são personagens reais, os vampiros são personagens fictícias. A figura do vampiro, de origem incerta, e que está presente em quase todas as culturas, tem características que são frequentemente salientadas: não é um vivo nem um morto, mas um ser morto-vivo e condenado a essa permanente ambiguidade. Há apenas uma maneira de livrar-se de vampiros: fincá-los ao chão com um pedaço de pau atravessado no coração, ou cortando suas cabeças e arrancando o coração do peito. Esta é a única coisa que pode acontecer a um vampiro, e diante desse fato, que marca o final de sua imortalidade, os vampiros (de muitos romances e muitos filmes) situam-se, normalmente, entre o medo e a inconfessa esperança de se verem livres do pesadelo da vida eterna.

A imagem do vampiro nasce a partir de uma crença popular, muito difundida na Europa Centro-Oriental, provavelmente ligada a mitos tibetanos e indianos e que deu origem, especialmente durante o século XIX, a uma rica produção literária e, posteriormente, cinematográfica. Um excelente livro sobre aparições de espíritos e vampiros foi publicado na França, em 1746, com uma edição corrigida de 1751. Quando Agostinho Calmet, seu autor, publicou seu livro, Voltaire estava em plena atividade, e 1751 é também o ano do lançamento do primeiro volume da grande Enciclopédia de Diderot e D'Alembert, unanimemente considerada um monumento da filosofia iluminista e da Idade da Razão. É preciso abandonar os esquemas de Bignami e perceber que nos séculos passados (como também hoje) coexistem personagens e ideias em cuja relação é difícil de se acreditar.

Em 1897, foi publicado *Drácula* de Bram Stoker (um matemático formado no Trinity College, Dublin), romance que está na origem de uma quantidade interminável de livros e filmes e que foi definido por Massimo Introvigne (um dos principais especialistas em ocultismo moderno) como "o livro possivelmente mais lido na história da cultura ocidental". O livro também deu origem ao filme (mudo) *Nosferatu* (1922), a obra-prima de Friedrich Wilhelm Murnau.

Com base no sucesso extraordinário obtido por muitos livros e muitos filmes, o vampirismo tornou-se moda. Diante de um vampirismo na moda, as receitas tradicionais para livrar-se dele não se tornam eficazes nem fáceis de serem postas em prática. Na tese de doutorado defendida em 2005 na Universidade de Palermo, Michele Cometa expôs claramente as fontes e a ideologia do vampirismo contemporâneo, ilustrou as distinções entre o vampirismo histórico, o moderno e o pós-moderno, deixando claro que a última e mais difundida e bem-sucedida imagem do vampiro o apresenta como um ser frágil e psicologicamente fragmentado que não precisa matar para se alimentar, e que a necessidade de sangue humano pode ser suprida com bolsas de sangue comumente usadas em transfusões ou "por doadores que livremente cedem parte do fluido vital em troca do prazer obtido pela mordida do vampiro". Caso se torne difícil ou impossível obter o sangue, é sempre possível "comprar uma serpente, domesticá-la, e depois, fingindo comprar cobaias para alimentá-la, usá-las para a própria alimentação". Uma única colher de sangue por dia pode ajudar um pálido jovenzinho ou uma pálida mocinha a se sentirem diferentes, inconformistas, não alinhados, livres de repressões e proibições impostas por uma sociedade a ser desprezada, que não merece ser respeitada, e na qual é impossível se inserir. A conclusão é clara:

> o vampiro moderno, o HLV, o bebedor de sangue, não habita um castelo remoto e ruínas situadas nas montanhas, não caçam suas vítimas entre os camponeses, mas frequenta discotecas e clubes noturnos. Seu rosto, empalidecido, é iluminado por luzes artificiais e intermitentes. Ser um vampiro hoje é a demonstração de quebra dos tabus, um distanciamento das massas, uma liberdade de comportamentos sem inibições, sem regras e sem consciência... O sangue pode tornar-se uma espécie de toxicodependência da qual o HLV não pode escapar, mas o vampiro moderno não mata suas vítimas. A quantidade de sangue de que um HLV "necessita" cabe numa colher; de resto, alimenta-se normalmente... O que impulsiona e o que sente um HLV ao beber o sangue do doador?

Para muitos deles é uma experiência muito mais profunda que a sexual, mais íntima, mais envolvente, mais completa.[6]

A sigla HLV é a abreviatura de *Human Living Vampire*, ou seja, "vampiro humano vivente". Não se fala mais de seres humanos imortais ou de criaturas que não morreram, mas de seres humanos "semelhantes em todos os aspectos às pessoas comuns que encontramos todos os dias". A energia vital que os anima precisa ser completada: "Um HLV pode, portanto, ser considerado um 'predador' de energia que sente necessidade, para seu próprio bem, de canalizar para si a 'força vital' de outros".[7]

Após termos traçado este retrato um tanto caseiro de um vampiro "domesticado", que atinge um superorgasmo com uma colher de sangue diária de um porquinho-da-índia, quem poderia imaginar que, na primeira década do século XXI, despontaria uma verdadeira paixão pelas histórias e aventuras dos vampiros capazes de se transformar em lobos ferozes? *Crepúsculo*, o primeiro volume de uma saga escrita por Stephenie Meyer, foi lançado nos Estados Unidos em 2005. Foi traduzido em vinte línguas e foram vendidas cinco milhões e meio de cópias. Um grande número de fãs espera ansiosamente o lançamento de cada novo livro. O quarto livro da série, após 34 horas do lançamento, tinha vendido um milhão e trezentos mil exemplares. O primeiro filme, que teve um estrondoso sucesso, foi lançado em 2008. Atualmente, estamos no quarto filme. Na

---

[6] www.cesnur.org/2006/tesi_cosenza/vampiro.htm.
[7] http://vampiria.forumcommunity.net/?t=8375673.

escola da pequena cidade onde passou a viver, Isabella Swan encontra-se com o pálido e encantador Edward Cullen, um vampiro de 108 anos, mas que aparenta ter apenas dezessete. Edward é atraído pelo sangue da menina, mas se abstém de mordê-la. De início assemelha-se a um vampiro vegetariano, depois se apresenta como um vampiro incomodado, com um incômodo que vira sofrimento, e é apenas no quarto filme que se decide finalmente pela fatídica, dramática e fatal mordida.[8]

Não poderíamos concluir este capítulo sem fazer uma menção à presença do vampiro na "alta" cultura, entendida como diversa da cultura denominada "popular". Em *O castelo dos destinos cruzados*, de Italo Calvino, um rei e um bufão veem uma mulher bebendo um cálice de sangue junto com um cadáver que tinha acabado de sair de um túmulo. Com uma alusão implícita ao *Capital* de Marx, Pasolini, em 1968, identifica o vampiro com a burguesia mordendo o pescoço da vítima "por um puro, simples e natural gosto de vê-la tornar-se pálida, triste, feia, debilitada, contorcida, corrompida, inquieta, cheio de sentimentos de culpa, calculista, agressiva e terrorista como ele".[9] Os livros de Introvigne,[10] de Giovannini[11] e, principalmente, o já citado e muito

---

8 Ver www.twilightitalia.com.
9 Marx, *Il capitale*, v.I, p.253; Pasolini, *Il perché di questa rubrica, ora in "Il caos"*, p.39, ver Giovannini, *Il libro dei vampiri: dal mito di Dracula alla presenza quotidiana*.
10 Introvigne, *La stirpe di Dracula. Indagine sul vampirismo dall'antichità ai nostri giorni*; Introvigne, *Cattolici, antisemitismo e sangue. Il mito dell'omicidio rituale*.
11 Giovannini, *Il libro dei vampiri*.

importante de Furio Jesi[12] servem para mostrar a complexidade e a dificuldade que envolvem este tema que ganha destaque agora na Itália.

---

12 Jesi, *L'accusa del sangue: il processo agli ebrei di Damasco; metamorfosi del vampiro in Germania*; reeditado com o título *Ripensare l'accusa del sangue. La macchina mitologica antisemita*.

XII
A obsessão pela comida

Nas últimas décadas – por razões que nada têm a ver com os estudos de história, de antropologia ou de teologia –, o problema da comida, da alimentação, dos costumes alimentares ganhou grande notoriedade. Estimulou o surgimento de montanhas de páginas, artigos, estudos, entrevistas, encontros, congressos, programas de rádio e televisão, reflexões de amadores e especialistas. O tema foi discutido por *tuttologos*,[1] filósofos (os dois grupos tendem a se unir), jornalistas, sindicalistas, aspirantes a políticos, políticos, cronistas e publicitários, teólogos, médicos, defensores da medicina alternativa e da antiglobalização, romancistas e amadores. Se alguém pesquisar sobre *food diet* no Google irá encontrar 16,3 milhões de páginas (em inglês, alemão, francês, italiano) dedicadas à dieta. Se alguém pesquisar sobre

---

[1] Pessoas que se pronunciam sobre temas de todos os campos do saber. (N. T.)

o assunto apenas em italiano (indicando as palavras "comida", "alimentação", "dietas"), irá se deparar com 37.600 páginas. Existe na televisão italiana um canal via satélite dedicado especificamente à culinária, chamado Gambero Rosso. Em todo o mundo existem programas de televisão que apresentam e ilustram receitas de comida. Existem inúmeras revistas que têm uma seção dedicada à culinária. A linguagem dos especialistas, que pode ser comparada, como no caso dos vinhos, à da crítica literária, atingiu, como no caso do azeite de oliva, níveis realmente incomuns de refinamento e sofisticação. É o que pode ser visto no seguinte exemplo escolhido aleatoriamente:

> À vista apresenta-se com uma forte e límpida cor amarelo-dourado, com reflexos verdes. Ao olfato oferece-se complexo e delicado, dotado de amplas notas vegetais de ervas cortadas, alcachofra e elegantes aromas de menta e alecrim ao final. Ao paladar é intenso e pleno, complexo e envolvente, caracterizado por notas ricas de tomate verde e amêndoa doce. O amargo e o picante bem definidos e dosados. Para saber mais sobre a técnica de degustação de azeite, clique aqui.

Confesso que não tive a coragem de clicar.

É cada vez mais comum ligar a TV e nos depararmos com um cozinheiro ou uma cozinheira, cercados por personagens de vários tipos, falando, explicando, orientando e ensinando com uma arrogante segurança certamente comparável à que é, geralmente (e injustamente), atribuída aos prêmios Nobel. O número de *outdoors* e comerciais que sugerem o que comer e o que beber é extraordinariamente alto, comparável apenas ao número de *outdoors* e de comerciais que ensinam como nos manter limpos e cheirosos. É cada vez mais difícil comer em um restaurante sem ter que ouvir antes de cada prato (depois de um pedido peremptório de silêncio aos comensais) uma pequena lição sobre como os pratos foram preparados e sobre o que eles realmente *são* – para além das *aparências*. A distinção kantiana entre fenômeno e *noumeno* tornou-se parte constitutiva do rio de discursos sofisticados e levemente pomposos que substituíram a prosa sábia, clara e modesta que encontrávamos em outros tempos (em um esplêndido e elegante italiano) no livro de Artusi.[2] Por vezes, como pode acontecer nestes casos, perde-se todo o senso das proporções e se passa a afirmar que um discurso pronunciado em Abano Terme, num congresso da Arcigola Slow Food, "é uma espécie de manifesto do Partido do Paladar, que provavelmente será lembrado no futuro da mesma forma que se lembra hoje de *O manifesto comunista* de Karl Marx".[3]

Alessandra Guigoni, que deu importantes contribuições à antropologia, definiu com clareza as diferentes atitudes que caracterizam a situação nas últimas décadas. Identificou quatro vertentes distintas, com diversas ligações ou oposições entre si: 1) a vertente da *autenticidade*, "valorizada pelos que oferecem produtos regionais autênticos, pratos

---

[2] Pellegrino Artusi (1820-1911), autor de *La scienza in cucina e l'arte de mangiare bene*, best-seller da culinária italiana lançado em 1891. (N.E.)

[3] http://webwinefood.corriere.it/2010/05/17/slow_food_nasce_il_partito_del/.

tradicionais e regionais, um movimento que têm adeptos tanto nas grandes cidades, entre pessoas de classe média e alta, cansados de se alimentar com paté e canapés da *nouvelle cuisine*, como nos pequenos centros agrícolas, onde se tem orgulho das massas e queijos locais"; 2) a vertente *étnica*, ou dos amantes das cozinhas étnicas concentradas nas cidades, procuradas especialmente por jovens e intelectuais, "sempre prontos a misturar macarrão com molho de 'chiles, burritos' com *parmigiana della mamma*"; 3) os amantes do McDonald e similares, a chamada vertente *fast food* "que permeia todas as idades e estratos sociais, uma vez que o McDonald atende estudantes do ensino médio, trabalhadores, pequenos empresários e administradores, ombro a ombro; 4) a vertente dos "defensores da macrobiótica, da agricultura biológica e biodinâmica, com os seus ferozes adversários, políticos inclusos, que pode ser chamada de vertente *biológica versus biotecnológica*".[4]

Guigoni provavelmente está certa ao defender que, no terceiro milênio, a alimentação será um dos grandes cenários da antropologia. Para os homens comuns, os homens da rua, e talvez até mesmo para os historiadores da "longa duração" e para os historiadores das ideias (que gostam de destacar os "movimentos pendulares" presentes na história), fica uma impressão: a de que em nosso mundo – onde há abundância de alimentos – a comida tenha

---

[4] Guigoni, Food, drink and identity, *Europaea*, VII, 1-2, 2001, p.209-11; Guigoni, Per una etnografia del quotidiano. Disponível em: www.fortepiano.it/PagineDelTempo/Materiali/pdtmat027.htm.

se tornado – paradoxalmente – algo muito semelhante a uma obsessão.

Algumas das coisas possíveis tornam-se, às vezes, coisas reais. Após ter traçado essas linhas, aprendi que nos últimos dez anos ganhou destaque uma nova obsessão relacionada à comida. No *Observer* de 16 de agosto de 2009, Amelia Hill refere-se a uma grande difusão de uma forma de transtorno alimentar presente em pessoas de ambos os sexos, com boa cultura, com mais de 30 anos, que adotam uma forma exasperada de *salutismo*, que possuem uma necessidade obsessiva de distinguir os alimentos certos ou corretos (daí o nome *ortorexia*) dos alimentos perigosos e, portanto, a serem excluídos. Steven Bratman, que cunhou o termo em 1997, intitulou seu livro de 2000 de *Health Food Junkies. Overcoming the Obsession with Healthful Eating*, ou seja, *Viciados em alimentos saudáveis. Vencendo a obsessão pela comida saudável*. Em nome da saúde e de convicções sensatas se pode acabar construindo dietas perigosas para a saúde: o peixe contém mercúrio; não se pode comer carne de vaca louca; a gripe aviária fez o mesmo com o frango; o salame causa espinhas que arruinam a pele; podemos nos engasgar e nos sufocar com a gordura das fatias de presunto; o açúcar causa diabetes; a manteiga aumenta o colesterol; saladas e legumes estão cheios de pesticidas. Os ortoréxicos estão absoluta e fanaticamente convencidos de terem razão, olham com presunção (e às vezes com desprezo) para os normais e ignorantes "comedores", seres inferiores que não são capazes de ter autocontrole: levam suas crenças ao extremo. Pensam em comida com frequência e gastam muito tempo nisso. De fato, é verdade que o extremismo é uma doença.

XIII
Apocalípticos da globalização

Eu compartilho com muitos outros italianos a impressão de viver dentro de uma sociedade que – refiro-me à cozinha e à gastronomia – valoriza cada vez mais o regionalismo. Deparamo-nos com um volume – que muitos julgam excessivo – de páginas de revistas e jornais e de programas de televisão que explicam, comentam e exaltam tradições culinárias específicas, bem como as massas, assados, queijos, doces, frutas, vinhos característicos de uma região, de uma localidade já conhecida, mas com destaque cada vez mais frequente de cidades pequenas e até então desconhecidas que buscam abrir espaço no mundo da gastronomia. Já ultrapassei os 85 anos de idade e posso atestar que nunca vi tantas propostas com tantos detalhes sobre a cozinha e a gastronomia à disposição de cada cidadão que tem acesso ao rádio e à televisão.

Por outro lado, encontramos autores que pensam que estamos sendo levados, "sem que nos demos conta, a uma espécie de perda de percepção, principalmente no que se refere ao empobrecimento dos sabores e à padronização do paladar". Somos todos vítimas inocentes e inconscientes, com exceção, é claro, dos poucos e corajosos combatentes que perceberam que somos vítimas e que presumem saber com clareza e lucidez *de quem* somos vítimas. É preciso dizer? Somos escravos inconscientes (isto é, sem nos aperceber disso) porque não entendemos ainda que estamos vivendo "numa época de domínio capitalista sobre todo o processo da vida natural".[1] E que seria, aproximadamente, a mesma entidade que, há poucas décadas atrás, era conhecida como o estado imperialista das multinacionais. Ao contrário do que acontecia na época de Freud, o mal-estar social (segundo a própria autora) deveria ser atribuído não mais à renúncia à satisfação dos instintos, mas ao "imperativo de gozo que caracteriza o superego social do capitalismo tardio e pós-moderno e à personalidade narcisista contemporânea". O predomínio do capital sobre a natureza tem consequências dramáticas: a primeira, neste terreno, é "a *contaminação* de toda a cadeia alimentar".[2]

Distancia-se de afirmações "filosóficas", genéricas e não controláveis o livro de Rajeev Charles Patel, intitulado *Stuffed and Starved*, ou seja, *Obesos e famintos*, publicado em 2007. O livro foi imediatamente traduzido para o italiano pela Feltrinelli com o título (na minha opinião, inapropriadamente

---

[1] Platania, *Labirinti del gusto: dalla cucina degli dèi all'hamburger di McDonald*, p.10-1. À página 137 se descobre que a expressão é de Pietro Barcellona.

[2] Platania, op. cit., p.129, 143; ver também Pollan, *Il dilemma dell'onnivoro*; Biasin, *I sapori della modernità. Cibo e romanzo*.

modificado) *I padroni del cibo* [Os donos da comida]. A tese central do livro é a seguinte: vivemos em uma época em que a Terra produz mais alimentos do que nunca; no entanto, nos encontramos diante de uma situação paradoxal: um bilhão de pessoas têm peso acima do normal (com risco de sofrer de diabetes ou de doenças coronárias), enquanto cerca de oitocentos milhões de pessoas não têm o suficiente para comer e estão passando fome. O sistema mundial de alimentos "é influenciado pelas comunidades camponesas, pelas multinacionais, pelos governos, pelos ativistas e pelos movimentos sociais". A soma de decisões leva à saciedade de alguns e à fome de outros, a pessoas obesas e empobrecidas em ambos os extremos, e "a um punhado de arquitetos do sistema que nadam em um mar de dinheiro".

A causa da fome, do impressionante crescimento do número de suicídios entre agricultores, da destruição de muitas comunidades rurais se deve, segundo Patel, principalmente, ao fato de que vivemos em um sistema alimentar global "controlado pelas multinacionais que criam o efeito chicote[3] na cadeia de distribuição". Patel não pertence à vasta gama de lamentadores apocalípticos. Ele sabe que entender e realizar diagnósticos exige tempo, paciência e conhecimentos detalhados; sabe que não basta indignar-se, mas que é necessário apresentar escolhas precisas e difíceis. Seu livro é muito denso, cheio de dados, descrições de situações e indicações de problemas. Patel é também muito otimista em relação à possibilidade de garantir a soberania dos

---

3 Na economia, o chamado "efeito chicote" caracteriza a dificuldade de se alinhar a demanda à oferta. (N. T.)

indivíduos e de torná-los muito mais que apenas consumidores. Acredita ainda que é possível "reestruturar o sistema alimentar" e redimensionar as relações de poder que, segundo ele, "exploram as pessoas tanto no cultivar quanto no comer". Sabe que "viver de forma diferente" é uma tarefa difícil e afirma também que "se não tentarmos, o fracasso é garantido".[4] Filho de um pai das Ilhas Fiji e de uma mãe queniana, Patel estudou em Oxford, trabalhou no Banco Mundial e, aos 38 anos, em 2010, tornou-se um cidadão dos Estados Unidos.

O denso livro de Patel é uma exceção. Neste tipo de literatura, as análises são muito raras, predominando as críticas e, principalmente, a indignação. Na vasta literatura de protesto anti-McDonald's, um dos exemplos típicos deste tipo de literatura é o livro de Philippe Ariès, professor de administração hoteleira que teria escrito, segundo seu editor italiano, "um ensaio incisivo e polêmico com diverentes enfoques (principalmente sociológico, mas também econômico, etnológico, psicanalítico e gastronômico)". Os gerentes do McDonald's – afirma Ariès – baseiam sua ação em "uma lógica econômica centrada unicamente na maximização do lucro". O objetivo da empresa – explica Ariès – "não é ser amada ou nos amar, não se coloca a serviço do crescimento pessoal de seus membros, mas almeja produzir bens e serviços em busca de lucro". É conveniente e importante reconhecer isso "para evitar que esse princício contamine toda a vida social ou

---

4 Patel, *Stuffed and Starved: markets, power and the hidden battle for the world food system*, p.20-1, 79.

psíquica".[5] O McDonald's é o emblema da globalização comercial: não quer que as crianças se tornem adultos, mas que os adultos permaneçam crianças; cria um cosmopolitismo universal e um produto alimentar subcultural; inventa uma nova maneira de definir o papel do homem na sociedade; manifesta uma forma obscena de padronização, que aos olhos da China deveria ser considerada mais temível que a bomba atômica; é enganosamente simples, artificialmente óbvia, ilusoriamente americana.[6] Isto não basta. Porque o sistema McDonald's "desqualifica e anula o pessoal. Este é dominado pela relação incestuosa com a sociedade-mãe". O sistema "está vinculado à vitória da racionalidade econômica, temida e inconscientemente identificada com o poder do Pai (a razão) sobre a Mãe (natureza)". Qual é o *problema fundamental* levantado por essa ideologia? É o seguinte: a técnica pode ser onipotente apenas quando o homem é considerado impotente, e esse dualismo impõe-se também no nível pessoal.[7]

Livros como este, na França e na Itália, são considerados "de esquerda": contêm denúncias "desapiedadas" e permitem, principalmente, uma expressão de sentimentos de profunda e nobre indignação. Esta última, na cultura da esquerda que precedeu a queda do Império Soviético, foi inserida em uma (suposta) ciência da história. Marx havia escrito o elogio da burguesia e mostrado o caminho: era preciso perceber o sentido dos fatos, identificar as tendências, agir com

---

5 Ariès, *I figli di McDonald's: la globalizzazione dell'hamburger*, p.130.
6 Ibid., p.8, 9-11, 15, 24.
7 Ibid., p.196-7.

base no conhecimento, perceber o momento certo. Cheguei a escrever que, antes da queda do império, indignar-se em vez de entender era pouco elegante, era coisa de socialistas humanitários, de moralistas abstratos ou de almas belas. Mas agora o império caiu, a teoria perdeu sua sustentação em todos os lugares, alguns bilhões de pessoas vivem em um regime politicamente comunista e economicamente capitalista e a grande maioria dos habitantes da Terra (exceto para os nostálgicos da foice e do cadáver de Lenin) finalmente percebeu que não pode transformar a história em uma ciência. Neste contexto, a única coisa que resta aos intelectuais é demonstrar sua indignação diante dos fatos. Quando não se envolvem nesta pequena e infértil atividade, cultivam a arte da pregação apocalíptica. Nos momentos de desalento, é possível afirmar que Marshall McLuhan não estava totalmente equivocado quando escreveu que a indignação moral é a estratégia adequada para dignificar um imbecil.

> As antigas indústrias nacionais foram e continuam sendo diariamente aniquiladas. São suplantadas por novas indústrias, cuja introdução se torna uma questão vital para todas as nações civilizadas... Em lugar do antigo isolamento local e nacional, que garantia a um país a autossuficência interna, emerge um comércio universal, com uma dependência recíproca entre as outras. E o que acontece na produção material reflete-se também na produção intelectual. A produção intelectual de cada nação se torna propriedade comum de todas. A unilateralidade e a estreiteza nacionais tornam-se cada vez mais impossíveis, e das

inúmeras literaturas nacionais e locais surge uma universal.[8]

Esta passagem não foi extraída de uma manifesto neoliberal recente. Ela pertence ao *Manifesto do partido comunista* de Marx e Engels, que foi lançado em fevereiro de 1848. Logo acima dessas linhas citadas temos:

> Ao explorar o mercado mundial, a burguesia imprimiu um caráter cosmopolita à produção e ao consumo de todos os países. Para grande desespero dos reacionários, eliminou a base nacional das indústrias.[9]

A partir destas passagens, podemos destacar coisas conhecidas há algum tempo: que os redatores do *Manifesto* elogiavam abertamente o papel revolucionário da "burguesia"; que o debate em torno da "exploração do mercado mundial" é muito mais antigo do que defende a curta memória dos debatedores atuais; e terceiro (à qual se dá pouca relevância), que Marx e Engels claramente consideravam reacionária a rejeição do que hoje é designado com o termo "globalização".

Este último aparece como um processo irreversível. Só pode ser controlado em parte, e dentro de limites muito restritos. Comecei este capítulo falando sobre a moda e sobre o entusiasmo pela gastronomia local. A Itália vangloria-se de ter atualmente 129 produtos de origem controlada, e 77

---

8 Marx; Engels, *Opere scelte*, p.295-6.
9 Ibid., p.295.

produtos com denominação de origem protegida. Mas, na realidade, parece que – utilizando uma prática legalizada – dois entre três presuntos vendidos como italianos são feitos com suínos criados no exterior e que um terço da nossa massa é produzido com trigo importado. Fora da Itália as coisas se agravam: parece que três entre quatro produtos italianos são falsificados, como o parmesão vendido em várias partes do mundo, inclusive nos Estados Unidos e na Austrália.[10] Entre os membros do aguerrido e diversificado grupo que apoia a existência de uma verdadeira guerra entre tecnoalimentos e bioalimentos, há quem diga que em relação à boa comida italiana há muita lenda, com a apresentação de uma "imagem enganosa de naturalidade".[11]

---

[10] Ver Berizzi, *Pasta, sugo e mozzarella, 60 miliardi mangiati dal finto made in Italy*, La Repubblica, 3 set. 2010.

[11] Ver Conti, *La leggenda del buon cibo italiano e altri miti alimentari contemporanei*.

XIV
Primitivismo

No início da história humana, escreveu em meados do século XVII o filósofo inglês Thomas Hobbes, "prevalece um medo contínuo e o perigo de uma morte violenta, e o homem leva uma vida solitária, pobre, sórdida, brutal e curta".[1] São nestas condições, descritas com tanta eficácia, que ainda hoje vivem (ou melhor, sobrevivem) muitos seres humanos. No entanto, atualmente existem regiões do mundo em que a vida tornou-se mais longa, com raros casos de morte violenta e em que se procura consumir menos e deixar de lado um grande número de objetos desnecessários. Nessas regiões existem pessoas que buscam seu bem-estar ensinando seus concidadãos a comer pouco. Pode parecer muito estranho, mas é nestas áreas da Terra que ressurge com uma força extraordinária o antigo tema da condenação da atividade humana voltada para o

---

1 Hobbes, *Leviatano*, p.110.

controle da natureza. É como se no mundo do bem-estar existisse uma forma velada de nostalgia do mundo do mal-estar. Exalta-se o "natural", e surge em diferentes lugares uma espécie de nostalgia da hipotética e invejável vida inocente e serena dos "primitivos", que na realidade têm uma vida difícil, sofrem muito, morrem muito jovens e assistem à morte de muitos de seus filhos.

A nostalgia dos tempos felizes que não retornam, o elogio de um passado melhor que o presente se escondem em cada canto da cultura e na alma de cada um de nós. Eles têm a ver com a nostalgia da infância como um lugar de inocência e de salvação, com a ideia de que houve um tempo em que os homens viviam mais serenamente que nós, com poucos problemas (menos graves e dramáticos que os atuais), em uma "sociedade orgânica" feliz. Pier Paolo Pasolini pensava que a abolição da escolaridade obrigatória e da televisão ajudaria a população do bairro romano de Quarticciolo a encontrar seu próprio modelo de vida. Na cultura "virgem" do subproletariado romano, o trabalho receberia "outro significado, criando a possibilidade... de sintonizar o padrão de vida com a própria vida". A concepção de Pasolini, como a de todo primitivista que se preze, baseava-se em uma rejeição indiscriminada do presente, mas envolvia tanto o futuro como o passado. Os italianos – escrevia – tornaram-se "um povo degenerado, ridículo, monstruoso e criminoso".[2] Para além do presente, o futuro se configura como um retorno à inocência anterior ao pecado. A civilização

---

[2] Pasolini, Il vuoto di potere in Italia, *Corriere della Sera*, 1º fev. 1975.

moderna está totalmente dominada por uma falsa ideia (a do bem-estar) e é um todo desarticulado. Apresenta-se como uma culpa da qual é preciso ser perdoada, e da qual só nos libertaremos reconquistando – através da miséria e do sofrimento – a inocência perdida de uma infância que estava livre do mal e isenta de culpas. O futuro pós-industrial de Ivan Illich, dominado pela ideia da verdadeira felicidade e do convívio, é considerado por Pasolini como "a única alternativa possível para o fim do mundo".[3] Ele escreveu em 1974:

> Se quisermos seguir adiante é preciso lamentar o tempo que não volta mais... Não basta rejeitar o modelo do desenvolvimento [defendido pelo capitalismo], é preciso rejeitar o desenvolvimento... Graças a Deus, é possível voltar atrás.

Sobre as ruínas da sociedade de massa e do consumismo, quando "as pequenas fábricas, de repente... se desintegrarem um pouco cada noite", quando "o casco do cavalo tocar a terra, leve como uma pluma, lembrando-nos silenciosamente o que era o mundo", ressurgirá um mundo bom, límpido e inocente. Veremos novamente

> calças com remendos, entardeceres em aldeias sem rumores de motores e cheios de jovens maltrapilhos voltando de Turim e da Alemanha... À noite se ouvirá

---

3 Pasolini, Predicano in un deserto i profeti dell'Apocalisse, *Il Tempo*, 6 dez. 1974.

apenas os grilos e talvez, talvez um jovem... com um bandolim.[4]

Pasolini é um autor que se considerava de esquerda. Entretanto, seu trabalho deixa entrever a presença de inúmeros expoentes da direita. Uma das análises dos frequentes intercâmbios recíprocos entre crenças progressistas e as angústias apocalípticas (que constituem geralmente a base do primitivismo) foi feita pelo filósofo alemão Odo Marquard em um ensaio de 1984. As "isenções", ou seja, os benefícios que a cultura proporciona ao homem – escreve Marquard evocando algumas páginas de A. Gehlen[5] –, de início são recebidas com benevolência, em seguida tornam-se óbvias, e finalmente são vistas como inimigas. A fase do trabalho entusiasmado é substituída pela fase do consumo indiferente, seguido de angústia e da rejeição sistemática do que antes tinha sido considerada uma importante conquista. Nesta fase terminal, "quanto mais doenças são vencidas pela medicina, mais forte se torna a tendência de considerar a própria medicina como uma doença; quanto mais vantagens a química oferece à vida do homem, mais se suspeita de que ela busca apenas envenenar a humanidade". A própria "libertação das ameaças transforma em ameaça o que liberta". Talvez não exista – como defende Marquard – "uma lei de conservação da necessidade da negatividade"; no entanto, é difícil (mesmo em relação à história

---

4 Pasolini, Poesie e appunti per un dibattito dell'Unità, *Paese Sera*, 5 jan. 1974.
5 Gehlen, *L'uomo, la sua natura e il suo posto nel mondo*.

recente) não aceitar como bastante realista a parte central de sua descrição:

> Quanto mais a democracia parlamentar livra os homens da violência e da repressão, tanto mais ela é definida, levianamente, como repressiva; quanto mais o direito toma o lugar da violência, tanto mais o direito passa a ser considerado como violência, talvez de caráter *estrutural*; em resumo, quanto mais a cultura nos liberta da hostilidade da realidade, tanto mais a própria cultura passa a ser considerada como um inimigo.[6]

Em 1865 morriam na Itália, no primeiro ano de vida, 230 crianças de cada mil que nasciam vivos. No início do século XX, 168 crianças em cada mil. Em meados da década de 1930, morriam cem. Em 1975, há uma queda de 25% na mortalidade. Em 2000, se passa para 4,3 em cada mil. A Itália é um país com uma forte e inaceitável diferença entre o Norte e o Sul, mas se é verdade que a mortalidade infantil é o único critério aceitável para mensurar o grau de civilização de um país, somos um país civilizado. Mas as diferenças em todo o mundo são enormes. Em Serra Leoa, uma criança em cada quatro não chega aos 5 anos. A cada ano, de mil crianças nascidas vivas no país, 284 morrem. O autoequilíbrio da natureza – hoje muito elogiado – implica em primeiro lugar a eliminação dos indivíduos menos adaptados para sobreviver em um determinado ambiente. Como já dizia Darwin, a natureza é uma mãe muito generosa na oferta da vida, mas muito

---

6 Marquard, *Apologia del caso*, p.131-4.

mesquinha no fornecimento de condições de sobrevivência. A espécie humana não deixa que a seleção natural atue em cada caso, como uma peneira, e não aceita o seu "crivo desapiedado". Tenta pôr limites à espontaneidade da seleção natural e cria-lhe uma série de obstáculos: vacinações, aparelhos de reanimação, antibióticos, cortisona, medicina preventiva. Os homens se matam com muita frequência entre si (e nisto se destacam entre as diferentes espécies de animais), mas muitas vezes também insistem em salvar indivíduos fracos (que seriam condenados à morte "pela natureza") ou com dificuldades para se adaptar ao meio ambiente. Isto acontece, em muitos casos, com a criação de ambientes artificiais, tais como uma incubadora para bebês que substitui o ambiente natural.

Os mitos do primitivismo não levam em conta o sofrimento envolvido na grande luta pela sobrevivência em um ambiente hostil. Nunca levam em conta o fato de a natureza (sempre apresentada como uma *realidade a ser defendida*) não ser nem virgem nem intacta, mas sim o resultado da presença humana na Terra. Hoje a Natureza parece ter se transformado em uma divindade, e a imagem do homem como intrinsecamente pecador parece ter retomado uma nova força. Mas os valores da democracia, hoje muito ressaltados no Ocidente por muitos primitivistas, não são absolutamente *naturais*. A maioria dos homens, na maior parte da história, conviveu e convive com o medo, o terror, a tortura e a violência. Liberdade de expressão, igualdade, ausência de hierarquias rígidas, aceitação de regras de convivência, respeito pelas minorias e por cada indivíduo, afirmação dos direitos dos mais fracos e dos portadores de deficiência não pertencem ao mundo da natureza, mas única e exclusivamente àquele da cultura. É realmente difícil pensar que o direito de dar bicadas em vigor entre as galinhas, a territorialidade dos javalis ou a rígida hierarquia de um grupo de macacos sejam também expressão da harmonia, inocência e pureza de uma Mãe Natureza boa e generosa que deveríamos adotar como um modelo para a nossa vida humana.

XV
A comida foi genuína algum dia?

Posturas primitivistas foram assumidas também em relação à comida e à alimentação. Ouve-se com frequência que antes a comida era mais *natural*, que nossos avós e bisavós tinham uma comida "genuína" e "saborosa". Os lugares-comuns deveriam ser substituídos pelos dados das pesquisas sérias sobre o tema. Todavia, eles se mantêm impassíveis. Por força da repetição tornam-se verdade. Se ao lado dos livros de Camporesi forem lidos também os muito bem documentados de Paolo Sorcinelli,[1] tais clichês se desfazem como neve ao sol. Ainda em finais do século XIX – como Sorcinelli mostrou no livro intitulado *Gli italiani e il cibo. Dalla polenta ai cracker* [Os italianos e a comida. Da polenta às

---

1 Sorcinelli, *Regimi alimentari, condizioni igieniche, epidemie nelle Marche dell'Ottocento*; Sorcinelli, *Miseria e malattie nel XIX secolo. I ceti popolari nell'Italia centrale fra tifo petecchiale e pellagra*; Sorcinelli, *Nuove epidemie antiche paure. Uomini e colera nell'Ottocento*.

bolachas] – há na Itália uma estreita ligação entre doença e desnutrição. No nosso passado, a falta de alimentos era comum e a fome estava sempre à espreita. Uma geada excepcional, uma forte chuva de granizo, uma seca prolongada eram suficientes para transformar aquela insuficiência em uma verdadeira e crônica crise de alimentos: "Todos os anos podiam ser definidos, infelizmente, como o *ano da fome*. Nesse contexto, era natural comer de tudo, mesmo o que não era apropriado para se comer". O escorbuto, a disenteria, o tifo petequial, a cólera eram as patologias mais difundidas que atacavam os indivíduos que viviam em condições de desnutrição crônica e com grande carência de vitaminas.

O que hoje chamamos de "falsificação de alimentos", e que a maioria dos consumidores vincula ao presente, foi uma prática comum quando se comia alimentos malconservados ou em decomposição. Nas primeiras décadas do século XX, ainda era muito comum a pelagra,[2] ocasionada por uma dieta que dependia quase que exclusivamente da polenta de milho, pobre em proteínas e vitaminas. Carne, peixe, laticínios eram alimentos raros para muitos italianos. A descrição do que era comido pelos napolitanos durante a epidemia de cólera de 1836 revoltaria certamente o estômago da maioria dos leitores. No final do século XIX, como Sorcinelli cuidadosamente documentou, a fraude em alimentos era muito difusa: ia do vinho produzido sem uvas ao queijo que não continha uma gota de leite. Ao café adicionava-se a chicória, à pimenta imundícies, ao

---

2 A pelagra é o estágio final de deficiência da vitamina B3. (N. T.)

açúcar pó de mármore, à farinha o gesso, ao açafrão a ocra carmesim, ao pão o sulfato de cálcio e ossos moídos (que davam maior brancura). Até as batatas mais velhas "eram umedecidas, limpas, escovadas com cuidado e colocadas no mercado com novo visual".[3]

Em outra história, mais curta, da alimentação, Sorcinelli aponta dados essenciais:

> Em 1817, quando o tifo petequial afetou grande parte da Itália Central, a epidemia inseriu-se em uma situação alimentar insustentável: em Perúgia falava-se de "mortos de fome pelos caminhos internos e externos à cidade"; em Roma havia notícias de que "o povo simples se alimenta com pão imundo e sem fermentação adequada, com tremoço, com raízes de solano e com ervas cruas e duras"; nas regiões montanhosas de Marche faltavam até mesmo as bolotas para a fabricação da farinha. É neste contexto que se manifestaram as "febres catarral e gástrica" e logo o tifo petequial, mas, em muitos casos, os relatos que chegavam da periferia não permitiam nem sequer distinguir entre estados patológicos reais e as consequências da desnutrição... O panorama sanitário, já precário devido à falta "de proteínas e outros elementos específicos", que se traduzia "em níveis extremos de desnutrição" e que ocasionava uma longa série de doenças infecciosas, piorou durante o século XIX com o grande número de pelagrasos (os números oficiais apontam para 83.600 mortes ocorridas entre 1887 e 1910, e cerca de 20.000 entre 1910 e 1940) que, devido à polenta sem tempero, no final do inverno

---

3 Sorcinelli, *Gli italiani e il cibo. Dalla polenta ai cracker*, p.184.

(período com pior qualidade de alimentação), engrossavam as filas diante dos manicômios por doenças nervosas e psicoses, devidas, principalmente, à deficiência de vitamina B12.[4]

As crianças de hoje, até mesmo aquelas nascidas em famílias de camponeses, não têm a menor ideia de quais eram as condições de vida do passado:

> Quarenta por cento dos jovens avaliados para o serviço militar, nos anos entre 1862 e 1865, foram excluídos, porque não atingiam 1,56 metro de altura; essa medida diminuiu 20% no período de 1866-1871, mas também depois o maior número dos não recrutados recaía na categoria das imperfeições físicas e constitutivas que, na opinião dos médicos militares, eram ocasionadas principalmente pela lactação inadequada recebida nos primeiros meses de vida e ao precário nível nutricional durante a infância e a adolescência.[5]

Em 2004, uma revista de política e cultura, de grande circulação e que vende muito também nas bancas de jornal, dedicou dois de seus cadernos, em um total de 464 páginas, ao tema "Alimento e compromisso".[6] Numa espécie de duplo salto mortal, apresentou o material coletado como uma forma de "discutir a questão dos alimentos" que constitui

---

4 Sorcinelli, *Breve storia sociale dell'alimentazione*. Disponível em: www.tumangiabene.it/approfondirea.htm.
5 Sorcinelli, *Gli italiani e il cibo. Dalla polenta ai cracker*, p.31-2.
6 VV. AA. Il cibo e l'impegno, partes 1 e 2. Respectivamente em: *I quaderni di MicroMega*, suplementos do n. 4 e do n. 5 de 2004.

não uma reverência diante das modas em torno do alimento, mas sim uma transformação do tema "comer" em um instrumento não só da cultura, mas também de "libertação e resgate social". Atrelar as lutas camponesas do Terceiro Mundo à criatividade da cozinha de luxo (se perguntam os editores) não é uma façanha impossível e esnobe? Qualquer pessoa sensata, quando consultada sobre o tema, diria que sim. Mas, como era de se prever, os editores responderam que não. Asseguram aos leitores e colaboradores da revista que essas 464 páginas não pretendem qualquer retorno aos interesses privados, mas sim contribuir para "criar um movimento". Estão firme e alegremente convencidos de que é possível fazer política também "cultivando o prazer". E isto se encaixa perfeitamente no mundo dos movimentos ou das manifestações para os quais Claudio Magris, numa página inesquecível, criou a definição de "esquerda festiva".

Como costuma acontecer quando o número de colaboradores é muito alto, não faltam, também neste caso, contribuições interessantes. Mas não se pode deixar de lado duas coisas: 1) a ausência, nestas quase quinhentas páginas, de uma análise dos aspectos econômicos também envolvidos na "alimentação biológica", dos gigantescos interesses por trás não só das empresas multinacionais, mas também dos inúmeros discursos de exaltação do "natural" e da "biodiversidade"; 2) a atuação do questionável pressuposto que embasa o primitivismo e que identifica o natural com o bem e o artificial com o mal. Aqui, essa identificação é expressa de forma transparente na seguinte frase: "Quando o arado sulca a terra, a penetra e a revolve, provoca um golpe violento, mexe no equilíbrio e provoca reações que o homem não conhece e nem se preocupa em conhecer".

O mundo seria mais bonito, mais natural, mais rico e com maior biodiversidade – é este e não outro o significado de tais mensagens – se os equilíbrios não tivessem sido alterados, se a natureza ainda estivesse intacta e se o homem tivesse se mantido, como no início, apenas como uma espécie de símio, ou melhor (na sábia definição de Vico, que não era primitivista), "como uma besta toda espanto e ferocidade".

O caminho representado pela cultura para a saída do mundo do animal, para a escolha de artificialidade é, por definição, arriscado. Talvez mais arriscado do que pensam alguns tecnocratas. Talvez mais arriscado do que possam imaginar alguns tecnocratas. Talvez menos arriscado do que acreditam alguns jovens firmemente convictos (e também volúveis) de se dedicarem à luta contra o mal absoluto e a favor da salvação do mundo. O *risco zero*, defendido recentemente por Francesco Sala no transparente livro que escreveu para se contrapor aos adversários da modificação genética de plantas, não existe em nenhuma atividade humana.[7] Por isso, não faz sentido perguntar se existe uma *certeza absoluta* de que não há qualquer risco em qualquer empreendimento projetado por homens ou mulheres. Em tudo o que o homem pensa e constrói não há – após a expulsão do Paraíso – certezas absolutas.

Finalmente, é preciso dizer que tudo o que incluímos nos conceitos de civilização e cultura se deve ao fato de os nossos antepassados terem decidido

---

[7] Ver Sala, *Gli OGM sono davvero pericolosi?*, p.54.

não adotar o assim chamado e hoje constantemente invocado *princípio de precaução*. Se o tivessem adotado, continuaríamos sendo ainda hoje semelhantes aos "macacos" das primeiras cenas de *2001, uma odisseia no espaço*.

XVI
O cérebro guloso e a obesidade

Nos últimos cinquenta ou sessenta anos, os neurofisiólogos e especialistas sobre o cérebro disseram muitas coisas que não sabíamos sobre temas como: comer, cheirar, saborear, o prazer da comida, a saciedade, preferências e aversões a alimentos e memória olfativa. Sobre isso foram feitas muitas descobertas importantes. Há respostas na verdade muito complicadas, mesmo sobre questões cotidianas, tais como: por que a pimenta faz suar e a hortelã é refrescante? Por que as crianças preferem batatas fritas à verdura? O que torna o chocolate tão irresistível? Neste capítulo (começando com o *cérebro guloso*, que é o título de um livro escrito pelo neurocientista André Holley, publicado em Paris em 2006 e em italiano em 2009) não há, naturalmente, nada de original. Há apenas uma tentativa de síntese que busca, sobretudo, indicar que se foi o tempo em que a comida era uma preocupação apenas de antropólogos e de psicólogos nas faculdades de Letras. Em 2004, o prêmio Nobel de fisiologia e medicina foi atribuído a Linda Buck (e a Richard Axel) pelas pesquisas que identificaram a natureza dos receptores moleculares que, localizados nas células olfativas do nariz, reconhecem as substâncias odoríferas e permitem as respostas que identificam os odores agradáveis e desagradáveis. Sobre o mundo do olfato, que muitos acreditavam misterioso e pouco estudado, foram descobertas, ao longo dos últimos trinta ou quarenta anos, muitas coisas que terão muita influência sobre a noção de *gosto*, e que têm muito a ver com os atos de comer e de beber. Os neurônios olfativos da mucosa nasal passam por um processo de renovação também na vida adulta. Na vida do olfato há, portanto, uma *aprendizagem*. A capacidade de reconhecer dez mil odores diferentes é atribuída por Buck à presença, nos ratos, de uma família de genes (composta por cerca de mil genes diferentes) que dão origem a um igual número de tipos de receptores. Estes se situam na parte superior da mucosa do nariz e servem para identificar as moléculas inaladas.

No terreno da neurobiologia, das ciências do comportamento, da psicopatologia, há avanços no conhecimento das capacidades olfativas. O sentido mais negligenciado do homem – como tem sido divulgado –

> passa por uma fase de grande reavaliação, tanto a respeito do papel que desempenha (nas relações sociais, no sexo, na relação mãe-filho, na escolha de alimentos, no reconhecimento espacial e assim por diante), quanto por sua função nas nuanças emocionais da

experiência e na criação de atitudes positivas, tanto no sexo como nas compras de supermercado...[1]

Espera-se que as conquistas científicas acima referidas possam, em primeiro lugar, ser úteis para a pesquisa sobre a doença de Alzheimer; em segundo lugar, agir como um freio na excessiva criatividade poética e literária dos *sommeliers* que falam de óleo aéreo, côncavo, convexo, curto, extrativo, feminino, denso, fugaz, espesso, impreciso, tênue, longo, fino, maciço, mastigável, macio, suave, mudo, olivoso, passado, perturbado, salgado, grave, apagado, esvaecido, tenso, louco, vibrante, volátil, envolvente...; e em terceiro e último lugar, poder atingir o nível dos inúmeros cursos que são dados na Itália por degustadores de azeite, vinho, vinagre, água mineral.

O que nós comemos, diz André Holley, é selecionado a partir de uma grande variedade de alimentos possíveis, depois é ingerido, e em seguida digerido e assimilado pelo organismo. Existem mecanismos biológicos que garantem cada uma destas ações e processos, e cada um destes mecanismos foi desenvolvido durante um longo processo de adaptação do indivíduo ao meio ambiente, iniciado há milhões de anos antes do aparecimento dos hominídeos.

> Os peixes também possuem genes que, na espécie humana, constituem a base da produção de receptores olfativos, e a maior parte dos circuitos cerebrais que controlam a fome e o prazer foram formados antes do aparecimento dos primatas.

---

[1] www.teatronaturale.it/articolo/1416.html (Carlotta Baltini Roversi).

O que denominamos *gosto* é uma forma de sensibilidade elaborada por um sistema sensorial específico que está na origem de sabores, tais como o doce, o salgado, o azedo e o amargo (e outros inominados). Mas, insiste o autor do livro, existem sensações provenientes da boca e do nariz que não podem ser definidas, assim como certos aromas e sabores. Alimentos e bebidas geram sensações nas terminações do nervo trigêmeo que "transmite as sensações agudas de picante, acre, irritante e adstringente causadas pela mostarda, pelo amoníaco, pela pimenta e por outras substâncias claramente intoleráveis ou deliciosamente irritantes". Também sensações relacionadas com o tato, que permitem perceber o crocante, o fragmentável, o cremoso tornam-se parte da noção comum de gosto. A imagem olfativa é a representação do odor específico em sua singularidade; o olfato é capaz de detectar compostos voláteis presentes no ar respirado, com uma concentração que supera uma parte por bilhão, mas é vã e ilusória, na opinião de André Holley, a tentativa de estabelecer a estrutura do mecanismo receptivo através de uma classificação natural das qualidades olfativas. A espécie humana (levando em consideração seus genes) apresenta claros sinais de uma diminuição de suas funções olfativas, em comparação com muitas outras espécies de mamíferos. Nos últimos anos, o conhecimento do sabor também foi enriquecido pela descoberta de novos receptores que reativou a discussão em torno da tese dos quatro gostos básicos (doce, salgado, amargo, azedo). Segundo pesquisadores japoneses, os sabores passaram a ser cinco, com a inclusão do *umami*, que corresponde ao sabor do glutamato. As relações entre motivação, prazer dos sentidos e ingestão alimentar dão lugar a uma intrincada teia: necessidade, desejo e prazer surgem em redes neurais que se sobrepõem. O livro de Holley aborda uma multiplicidade de temas e conclui com uma pergunta com teor dramático: o que não funciona? A condição atual (em algumas regiões do mundo) da superabundância de alimento é, para a espécie humana, algo radicalmente novo. Nossa bagagem genética é mais adequada para combater a escassez do que para lidar com a abundância. Há estimativas segundo as quais, só nos Estados Unidos, a obesidade é responsável por um número de mortes que varia entre 280 mil e 350 mil por ano. O homem não se tornou mais guloso, nem pela Terra se espalhou, em poucas décadas, uma perigosa mutação genética. As novas condições de vida atingiram grande parte do planeta de forma repentina e radical. A espécie humana é capaz de uma grande variedade de dietas: passando da quase exclusivamente carnívora dos esquimós inuítes para a quase apenas vegetariana hindu. Uma necessidade energética reduzida e condições alimentares abundantes constituem condições novas, distantes daquelas para as quais a evolução preparou a espécie humana. Os principais fatores que influenciam o desenvolvimento da obesidade identificam-se principalmente com o surgimento de uma alimentação rica em calorias e com a redução do esforço *físico*.[2]

---

2 Ver Holley, *Il cervello goloso*, p.13-4, 20-1, 37, 45, 48, 64, 73, 96, 105, 185, 187, 190-1, 194. Ver também Rigotti, *Gola. La passione dell'ingordigia*; Zucco, Anomalies in cognition: olfactory memory, *European Psychologist*, v.8, jun. 2003, p.78-86.

Como diziam os latinos, *Gula plures occidit quam gladius*, ou a gula mata mais que a espada. Como mostram com clareza Ottavio Borsello e Vincenzo di Francesco em seu pequeno livro intitulado *L'alimentazione*[3] (que também traz indicações práticas), hoje temos um conhecimento maior e mais bem documentado sobre isso. Todos sabem que o álcool está se espalhando perigosamente entre os adolescentes; a maioria deles não está absolutamente ciente dos perigos que corre, e, em especial, de que se o abuso do álcool é crônico,

> o dano gástrico e hepático reduz progressivamente a capacidade de metabolizar o álcool, de tal forma que mesmo pequenas quantidades dele causam elevados níveis de circulação, com consequências funestas, sobretudo na função do cérebro e do fígado. Pessoas que se gabavam de suportar grandes quantidades de álcool passam a se embebedar com apenas dois copos de vinho, ou pelo menos a reter níveis de álcool no sangue bem acima dos limites permitidos pela lei.

Como destacou Emanuele Djalma Vitali,[4] na Itália o número de indivíduos acima do peso seria de cerca de dezoito milhões. Em outros países, o fenômeno é muito mais difuso (em termos absolutos e percentuais). O prazer de comer tende a diminuir a consciência de que o excesso de peso ou de gordura é, sem dúvida, uma das causas da arteriosclerose, das doenças cardiovasculares e do diabetes que surgem em idade avançada. Em 2001, a Organização

---

3 Borsello; di Francesco, *L'alimentazione*.
4 www.treccani.it/site/Scuola/Zoom/alimentazione/djalma-vitali. pdf.

Mundial de Saúde (OMS) usou o termo *"globesity"* para indicar a existência de uma verdadeira epidemia mundial. Alguns índices ligados ao excesso de consumo de alimentos que caracterizam as áreas ricas do mundo são alarmantes: nos Estados Unidos, 15% da população estão com excesso de peso e 30% a 35% são obesos. A China, em rápida modernização, acabou de vencer a fome e já está entrando no caminho da obesidade.[5] Nos países em desenvolvimento, quanto melhores as condições econômicas, maior a obesidade. Todavia, nos países desenvolvidos, o nível econômico e a obesidade apresentam-se numa relação inversamente proporcional: os níveis sociais mais baixos detêm uma obesidade mais frequente. Em um artigo de 1997 sobre a obesidade e a mortalidade, Solomon e Manson[6] demonstraram que, nos Estados Unidos, a obesidade é mais difusa entre os "não brancos". Na Itália – apontou Giacinto Miggiano,[7] um professor de bioquímica da nutrição da Universidade Católica de Roma – a obesidade infantil é a mais alta da Europa, e quatro em cada dez mães não percebem que o filho tem um peso anormal. A Itália possui cinco milhões de obesos. Estamos diante de uma espécie de epidemia silenciosa.

Eu penso que seja importante retomar a conclusão de um trabalho de Holley: um artigo publicado na *Science* em 2001 afirmava que, após meio século

---

5 Ver Borsello; di Francesco, *L'alimentazione*, p.82, 100, 101.
6 Solomon; Manson, Obesity and mortality: a review of the epidemiologic data, *The American Journal of Clinical Nutrition*, 66, 1997 (suplemento).
7 Miggiano, *Obesità*: una silenziosa epidemia. Entrevista de E. Micucci. Disponível em: www.romasette.it. 1º dez. 2010.

de pesquisas e após investir centenas de milhares de dólares para demonizar a gordura na alimentação, a ciência da nutrição "não conseguiu provar que uma dieta com pouca gordura possa ajudar a viver mais tempo".[8]

Isto não deve, logicamente, nos levar a comer mais gordura, mas a tomarmos consciência de um dado importante: "Diante de fatos tão complexos como os que caracterizam a nutrição, não podemos confiar em pesquisas conduzidas apenas em uma área do conhecimento".[9]

---

[8] Taubes, The soft science of dietary fat, *Science*, 291, 2001, p.2536.
[9] Holley, *Il cervello goloso*, p.200.

XVII
As doenças ao longo dos tempos

Os historiadores (não só da medicina) sabem muito bem que determinadas doenças estão ligadas, e quase soldadas, a certos períodos históricos; elas tornaram-se o símbolo de um século ou de um período da história. A malária como a principal doença da Antiguidade grega e do Império Romano. A lepra e o tifo, da Idade Média. A peste, do século XVII. A tuberculose e a sífilis que dominam a cultura do século XIX. O câncer e a aids como os grandes medos do século XX. De certa forma, cada uma dessas épocas tornou-se impensável sem tais doenças. Existem também doenças acompanhadas por uma espécie de auréola que – na ausência de algo melhor – podemos chamar de positiva. A gota causou muito sofrimento, e há um retrato de Carlos V, a cavalo, no qual a perna do imperador está amarrada à barrigueira da sela para evitar que o pé possa sofrer solavancos dolorosos. Porém, algumas gravuras do século XVIII que representam o rei libertino atormentado pela gota, com uma perna levantada e um pé descansando sobre uma almofada, não se destinam a representar a dor e o sofrimento. A face do libertino indica satisfação. A gota é a doença típica e específica dos senhores, dos poucos que comiam muito bem num mundo em que a grande maioria comia muito pouco e muito mal. Ter gota também significava (insisto no *também*) pertencer a uma elite privilegiada. A tuberculose era uma doença sobretudo dos pobres. Mas os locais onde se curava desta doença adquiriram uma espécie de fascínio, quando, nos sanatórios, se reuniam pessoas que pertenciam às camadas mais altas da população. Nesses lugares conviviam homens e mulheres, forçadas de certa maneira a passar muito tempo lendo, escrevendo ou conversando. A cultura pessoal se expande, a inteligência se aguça, se despertam sensações, sentimentos e emoções particulares, são estabelecidas relações que não seriam possíveis (ou que poderiam parecer "falsas") no mundo movimentado das pessoas saudáveis. Também se difunde a tese de que uma dose elevada de toxemia tuberculosa serve para estimular as habilidades e o desempenho sexual. A designação de *mal sutil* não é apenas uma metáfora, e Novalis achava que esse mal sutil tinha a propriedade de sublimar as experiências da vida, permitindo "compreendê-la em sua totalidade". Concluindo: ninguém gostaria de qualificar um leprosário como um lugar encantador, mas a montanha no topo da qual se situava um grande sanatório podia ser compreendida e vivida como uma "montanha mágica".

A sífilis, em seu início, apresentou-se de forma aguda e mortal. Mais tarde, assumiu uma forma subaguda e subcrônica. Terminou incorporando a imagem, não isenta de aspectos inquietantes e ao mesmo tempo fascinantes, do famoso binômio "gênio e loucura". Basta citar alguns nomes de pessoas reais e do personagem de um drama: Benvenuto Cellini, Schubert, Maupassant, Baudelaire, Nietzsche, Osvaldo (que domina a cena em *Os espectros* de Ibsen). Não falta quem tenha visto nessa doença algum tipo de traço distintivo do homem genial ou do homem poético ou do homem "fora do comum".

A epilepsia, que parece permitir uma saída clamorosa do mundo para em seguida voltar de repente, foi considerada durante muito tempo uma espécie de viagem ao além,[1] ligada à possibilidade de alguma revelação. Platão, no Fedro, fala de uma mania divina ou de um delírio divino como uma dádiva divina dos deuses, e que caracterizou a exaltação da Sibila, da profetisa de Delfos e das sacerdotisas de Dodona. A ilusão não é, sempre ou necessariamente, uma coisa ruim. Existe uma investigação do futuro feita por pessoas em estado normal, mas a *mântica* é superior a ela (*oionística*) porque o estado de delírio inspirado pelos deuses é maior do que a razão humana. Ao lado do delírio profético há outra forma de exaltação ligada às Musas. Quando "se defronta com uma alma terna e pura", esta exaltação

> a incita e atrai com cantos e com qualquer outra forma de poesia... mas quem chega ao limiar da poesia sem o delírio das Musas, acreditando só na habilidade do poeta, será um poeta inacabado, e a poesia do sábio será suplantada pela dos poetas em delírio.

---

1 Grmek, *Le malattie all'alba della civiltà occidentale*.

Giordano Bruno chamava de "tolos e loucos" os que têm percepções diferentes do restante dos homens. Mas entendia que a "extravagância" passava por dois caminhos: ou conduz para baixo, para a "loucura, insensatez e cegueira", onde se encontram os que se distanciam do senso e da razão do homem comum, ou conduz para um nível acima do que possa e saiba a maioria dos homens.

Quando caem por terra as estruturas que sustentam o eu e que garantem a distinção entre o eu e o mundo, estamos falando de um *eu dividido* ou de esquizofrenia. Na instabilidade angustiante que emerge da "crise da presença" e da queda dessas estruturas, cria-se, no teatro de Pirandello, a possibilidade de uma revelação. Pelo menos alguns conseguem se distinguir "daqueles que se enganam", "descobrir o jogo", pôr-se acima do plano das "simples aparências", vislumbrando – mesmo que "aos poucos" – a inefável e chocante verdade da vida. Segundo alguns, que se tornariam mais tarde os teóricos da excepcional dimensão da loucura, nesses momentos – também para Pirandello – era possível ver "a vida em si mesma". No mundo da psiquiatria (ou melhor, no mundo da chamada antipsiquiatria) houve avanços, neste terreno, muito além de Pirandello. Ronald Laing[2] apresentou o xamanismo ou a viagem "ao tempo mítico e eterno da loucura" como um antídoto à insustentabilidade do presente e como uma via para o ser, para a autenticidade e para a verdade.

---

2 Laing, *La politica dell'esperienza*; Laing, *Nodi*.

XVIII
O culto de Ana

No capítulo anterior foram apresentados vários exemplos de "exaltações" de doenças. Apesar desses exemplos, acredito que continua verdadeira a afirmação de que ninguém, pelo menos até agora, parece ter feito propaganda em favor de uma doença. No caso da anorexia, há evidência de que têm ocorrido e de que continuam a ocorrer casos de uma verdadeira "exaltação", de uma verdadeira propaganda em seu favor. Entre o final do segundo e o início do terceiro milênio, passou a fazer parte dos manuais e tratados sobre medicina uma doença mental que se tornou para muitas pessoas um problema muito sério. Na edição de 1993 do *Manual Diagnóstico e Estatístico de Transtornos Mentais* [*DSM*, em inglês], a *anorexia nervosa* não é mais listada entre as doenças da infância, mas tratada em um capítulo específico. Os critérios para o diagnóstico apresentados são os seguintes: recusa em manter a massa corpórea acima do peso mínimo para a idade e a altura; grande medo de engordar, mesmo quando se está abaixo do peso; alteração da forma de encarar o próprio peso corpóreo; ausência de pelo menos três ciclos menstruais consecutivos. Se uma pessoa anoréxica cede ao apetite e come, recorre ao vômito para expelir o que ingeriu, ou se dedica a um exercício físico intenso e espasmódico para eliminar as calorias adquiridas. Pode-se falar de uma *renúncia* aos alimentos apenas quando se tem acesso aos alimentos; a doença e a exaltação da magreza a ela associada só aparecem em sociedades ricas ou desenvolvidas. A anorexia (considerada por muitos como o mais dramático dos inúmeros transtornos alimentares) não aparece nos lugares em que há falta de alimentos generalizada, mas onde há uma quase ilimitada disposição de alimentos.

O jornal *La Repubblica* de 1º de junho de 2005 publicou um artigo escrito por Alberto Flores d'Arcais com o seguinte título: "Ana, a musa da anorexia, que seduz os adolescentes norte-americanos". Ali se informava que 40% dos adolescentes que têm problemas com alimentação visitaram pelo menos uma vez os sites dedicados a Ana. "Ana" é um diminutivo de "anorexia" e tornou-se moda. O símbolo distintivo dos seguidores de Ana é uma pulseira de couro vermelho com uma pequena borboleta atada a um fio, vendida a um preço que varia de três a vinte dólares. Na internet existem vários sites que dão conselhos sobre como perder peso, como induzir o vômito, indicando como resultado a perda de peso; eles permitem que os adolescentes interessados em Ana se comuniquem entre si, inclusive em sites que reúnem diferentes grupos étnicos: negros, latinos, etc. Diante de fenômenos como estes, podemos nos perguntar: trata-se de uma propaganda em favor de uma forma de patologia ou, em vez disso, de uma antiga exaltação do jejum e da magreza, que seria sinônimo de sabedoria e santidade nas filosofias orientais e, em particular, na filosofia indiana? Ou também do ideal cristão de uma frugalidade levada ao extremo? Ou de uma santidade baseada na rejeição do corpo, como lugar da tentação e instrumento do pecado? Ou de uma imagem (muito antiga) do jejum considerado como purificação? Creio que a resposta a todas essas perguntas deva ser decididamente negativa. Uma doença que se conecta com a escolha de comportamentos vinculados indiretamente a filosofias e opções de vida, a crenças e costumes, não deixa por isso de manter seu caráter especificamente patológico e de se tornar algo irreconhecível.

Uma pesquisa na web, mesmo rápida, traz dados impressionantes: pela quantidade de sites, pelos títulos adotados, pelas avaliações contraditórias do fenômeno (em ascensão) presentes nesses sites, enfim, pelo fato de que existem sites com títulos aparentemente favoráveis a Ana, mas que na realidade são contrários a ela e que procuram combater ou redimensionar o fenômeno. Entre os nomes presentes em uma lista de *Pro-Ana Supportive Sites* (mas levando-se em consideração a "dissimulação" já indicada), temos: *Fat Like Me, Fragile Innocence, House of Sins: Bathroom, Nothing Gonna Stop Me, Pursuit of Perfection, Salvation Through Starvation, Starving for Perfection, Food is Evil* e assim por diante. Estes sites (muitos dos quais possuem apenas um título) recebem o nome de *Anorexia Pride Websites*, ou seja, sites do orgulho anoréxico.

> Este site não se destina a incentivá-lo a desenvolver um distúrbio alimentar. Este é um site para aqueles que já têm um distúrbio alimentar e que não têm nenhuma intenção de se curar. Já se conhece a diferença entre *rexie* e anoréxico. Se quiseres ter simpatia pela tua doença, és um anoréxico, mas se estiveres buscando respeito e admiração pela tua escolha de um modo de vida, então és um *rexie*. Os anoréxicos morrem, *rexies* não.[1]

Uma passagem como esta é um exemplo da tentativa, amplamente divulgada nos sites pró-Ana, de apresentar-se com um significado político. Como disse Eleanor Taylor, os sites pró-Ana apresentam pessoas doentes como uma minoria oprimida e a anorexia como uma forma de vida ou um estilo alternativo de vida, como uma forma de revolta e rebeldia.[2] A respeito de Ana, também se disse que

> muitas pessoas que sofrem de um transtorno alimentar, que pode ter um desfecho fatal, tornaram-se parte de um movimento *underground* que promove a decisão de morrer de fome. Isto, em alguns casos, tem a força de um apelo muito semelhante a um culto (*has an almost cult-like appeal*).

Ana tornou-se um modelo para alguns, uma deusa para outros: é assunto de oração, de representações pictóricas, de uma verdadeira crença. Ana sugere o que comer aos seus seguidores. Zomba deles quando não perdem peso. Na vida de muitas

---

1 www.ana-by-choice.com.
2 www.sirc.org/articles/totally_in_control.shtml.

de suas seguidoras, Ana se torna uma verdadeira presença, embora, é claro, ela exista apenas em suas mentes. O movimento está em pleno crescimento na rede:

> Os especialistas em distúrbios alimentares dizem que, apesar das tentativas de limitar a presença *online* de Ana, ela tem crescido e atraído seguidores – a maioria dos quais são muito jovens – em muitas partes do mundo. Ninguém sabe quantos – entre oito e onze milhões de americanos sofrem de distúrbios alimentares – têm sido influenciados pelo movimento pró-Ana. Mas os especialistas temem que o número seja muito grande.

Muitos textos são impressionantes: terça-feira, 5 outubro de 2010, em um site denominado *proanapersempre* [pró-Ana para sempre], há uma garota que escreve:

> Eu perdi o controle... durante três dias, eu perdi o controle... não acredito!!.. senti vergonha e, por isso sumi... traí vocês e também a traí... e ela nunca deveria ser traída... mas eu fiz isso... Tenho vergonha disso! Ana, perdoe-me... Eu não deveria ter... você me ama... você quer nos ajudar... a ficar bem! A nos fazer perder toda essa gordura... eu não quero mais... Eu comi, me empanturrei como nunca... só porque a balança não diminuía... mas não farei mais isso... o controle será minha única preocupação... porque com ele eu vou comandar tudo e ser capaz de vencer!... todas vocês conseguirão... Ana é controle.

A anorexia é controle, é controle total incomensurável, porque nenhum controle no mundo é como este, uma vez que se trata de um controle *que contrasta radicalmente com a natureza e a biologia*. Nenhum outro controle consegue rechaçar (ou tentar rechaçar desesperadamente) de forma sistemática e cabal não o que é importante e significativo para a vida, mas o que é necessário e indispensável para todos, homens e mulheres, jovens e velhos. No entanto, homens e mulheres, jovens e velhos se tornam – sem distinção – *os outros*: uma espécie de vulgo ou plebe diante da obrigação de tomar uma decisão radical e definitiva, que se manifesta, na realidade, como uma convicção de pertencer a uma elite de semideuses. Estes são seus dez mandamentos:

> 1) Não ser magro significa não ser atraente; 2) Ser magro é muito mais importante do que ser saudável; 3) Deve-se comprar roupas, cortar o cabelo, tomar laxantes, morrer de fome, fazer qualquer coisa para se parecer mais magra; 4) Não deves comer sem se sentir culpada; 5) Não deves comer o que engorda sem se punir depois; 6) Deves calcular as calorias e, em seguida, controlar sua ingestão; 7) O que diz a balança é a coisa mais importante; 8) Perder peso é bom, ganhar peso é ruim; 9) Não se arrependa de ser muito magro; 10) Ser magro e não comer são símbolos da verdadeira força de vontade e do sucesso.

Os outros, todos aqueles que são tão vulgares a ponto de ceder à obscena vontade de comer, podem ser enganados, merecem ser enganados e devem, portanto, ser enganados. Vive-se no mundo dos outros seres humanos como estrangeiros, move-se entre os outros seres humanos com cautela. Não se deve levantar suspeitas nos *outros*:

> 1) Nunca fale do seu peso com ninguém. Aja como se não soubesses absolutamente nada sobre dietas e peso; 2) Não deixe que as pessoas percebam que usas roupas folgadas; 3) Procure comer apenas quando teus familiares ou amigos estiverem com você (e utilize o tempo em que estiver só para não fazê-lo); 4) Entre e saia da cozinha com frequência. Isto simulará a ideia de que comes; 5) Deixe restos de comida ou pratos sujos ao redor (prepare algo e jogue fora, os outros vão pensar que você comeu); 6) Leve sempre consigo alguns petiscos (fazendo os outros verem) e, em seguida, jogue-os fora; 7) Em casa diga que comerás com um amigo, ao amigo diga que comeste em casa; 8) Diga que tens alergia a certos alimentos; 9) Finja uma dor de estômago ou algo assim; 10) Diga que foste convidado para jantar fora; em seguida, faça uma caminhada; 11) Diga que irás comer no teu quarto, depois jogue tudo no lixo (lembre-se de tirar o lixo quando sair); 12) Nunca fale de comida ou sobre o quanto estás insatisfeito com o teu corpo na frente dos outros; 13) No restaurante, finja que não tens dinheiro suficiente para comer.[3]

Um dos livros de Hilde Brunch, um dos autores "clássicos" sobre a anorexia, intitula-se *The Golden Cage*, a gaiola dourada. As anoréxicas parecem pardais trancados em uma gaiola dourada: só comem as migalhas, vivem em uma gaiola da qual não podem

---

[3] www.anoressia-bulimia.it/wp.content/uploads/2008/03/ricerca_sul_fenorneno_proana_ausI_reggio_emilia.pdf.

sair, mas a gaiola é de ouro porque sentem orgulho de sua condição. Magro é bonito, mais magro é mais bonito ainda, e a perda de peso tem valor. A anorexia é considerada por Brunch como uma espécie de trágica preocupação pessoal que algumas meninas têm para afirmar sua autonomia. Elas parecem estar dizendo: eu cedo diante de tudo, sou complacente com tudo, procuro viver como minha mãe quer, mas sou intransigente com a comida; aqui se aposta tudo, aqui se vai à luta, esta é uma questão de honra. É daqui que emana a busca do emagrecimento e da "tirania alimentar", é daqui que surge a rejeição de qualquer compromisso e a escolha do terrível caminho de um "suicídio lento".

Atualmente, essa escolha parece afetar milhares de jovens. A comida tornou-se um inimigo para milhares delas. Como isso pôde acontecer? Como se deu a vinculação entre padrões culturais e formas patológicas? Existe uma relação entre a nossa atual maneira de considerar a comida e de tratar a nutrição e o caminho que tais jovens começaram a percorrer? Por que há tanta gente nesse caminho? Por que esta escolha é dramática e irreversível? Massimo Recalcati escreveu:

> A experiência clínica nos ensina como o prolongamento anoréxico da abstinência e das suas múltiplas estratégias de controle tende inevitavelmente a gerar fatalmente fenômenos incontroláveis do corpo, como, por exemplo, o da produção de endorfinas que dão ao indivíduo uma corrente de excitação tão poderosa como a gerada pelo impulso da fome. Uma excitação que é produzida pelo esgotamento, pelo desaparecimento do instinto e que mostra finalmente que no

jejum anoréxico não se anula simplesmente o corpo, que desfruta da ausência do objeto, como se fosse a dimensão mais importante do mesmo... Há um *prazer do vazio* que parece mais forte, ou, mais precisamente, para usar uma expressão de Freud, "mais instintivo" que o da saciedade.[4]

As pacientes, muitas vezes bem-dotadas cultural e intelectualmente, comprimem suas vidas em um corpo idealizado e irreal, só pensam e falam sobre ele e não há espaço para mais nada: afetos, estudo, interesses, pensamentos. O pensamento é dominado pelo corpo, despercebido, alucinado, subjugado pelo transtorno. Não há um excesso, mas um desaparecimento da espiritualidade. No auge da doença, as pacientes são puro corpo, e não, como se poderia imaginar, pura mente: seu corpo dilacerado representa uma identidade fragmentada e incerta, é um invólucro a ser modificado, ferido e odiado para sentirem-se vivas.[5]

As ideias se espalham como as doenças, e não é casual que o nome de uma doença tenha penetrado até mesmo no mundo do rock. Em 1995, um grupo da vertente *dark death metal* que existia desde 1991 mudou seu nome para Anorexia Nervosa. Seu estilo de música, diz a banda no site, nasceu das cinzas de uma fase anterior necromântica. Diante da pergunta sobre a escolha do nome, foi dada a seguinte resposta:

---

4 Recalcati, Fame, sazietà e angoscia, *Kainos*, n.7, 2007, "Fame/sazietà"; www.kainos.it/numero7/ricerche/recalcati.html. Ver também, do autor, *L'ultima cena: anoressia a bulimia*.
5 Bianchini; Dalla Ragione, *Il cuscino di Viola. Dal corpo nemico al corpo consapevole*, p.67.

O nome, que é o mesmo da doença mental, de certa forma incorpora perfeitamente nossa maneira de perceber o mundo: a rejeição de uma vida perdida nas trevas de uma tirania aceita pela mídia, uma negação da matéria, e uma busca do absoluto.[6]

---

6 www.ranska.net/musiques-francophones.

XIX
A moda e a magreza

Muitas abordagens genético-moleculares da medicina – escreveu Gilberto Corbellini – imaginam que um risco individual de doença futura depende simplesmente da informação genética individual. Na realidade, acrescenta, menos de 5% das pacientes com tumores no seio ou de cólon têm resultados positivos nos testes genéticos para tais tipos de tumores. Destaca em suas conclusões que:

> As causas de uma doença e a forma como evolui nunca são determinadas por um único gene e não dependem exclusivamente do seu genótipo, mas dependem também de certas experiências ocorridas durante o período de desenvolvimento, crescimento ou na vida adulta e que modulam ou interferem na expressão da informação genética para provocar esse transtorno em particular.[1]

---
1 Corbellini, *Breve storia dele idee di salute e malattia*, p.118-9.

Podemos concluir que uma insistência exclusiva em fatores ambientais (em certo momento, todo o discurso sobre a anorexia parecia estar centrado na relação entre mãe e filha), assim como uma insistência exclusiva em fatores genéticos, podem ser consideradas insuficientes e parciais. O que serve também para explicar o fato de que a anorexia é uma doença desconhecida nas regiões atrasadas ou pobres do mundo, e para justificar (pelo menos uma vez ou pelo menos em parte) a sabedoria camponesa expressa na frase de um velho habitante de Todi. Referindo-se a um centro recentemente inaugurado para recuperação de meninas anoréxicas, comunicou seu pensamento aos presentes: "Se estoura uma nova guerra, curam-se todas".

> Os problemas alimentares [afirma Massimo Cuzzolaro] dependem da combinação de vários fatores: predisposição biológica (genética), causas psicológicas (falta de autoestima, perfeccionismo, problemas familiares) e também pressão social; basta pensar em quantas meninas seguem o mito da magreza.[2]

Num mundo que considera a beleza e o porte físico como valores preeminentes, que propõe e faz propaganda disso com uma forte insistência, e até mesmo com agressividade, que eliminou dos meios de comunicação de massa toda e qualquer forma de pudor, determinados tipos de beleza e de físico assumem um valor quase exclusivo.

---

2 Cuzzolaro; Piccolo; Speranza, *Anoressia, bulimia, obesità: disturbi dell'alimentazione e del peso corporeo da 0 a 14 anni*, p.28.

As jovens, levadas pela construção de sua própria feminilidade, rejeitam as formas de um corpo lânguido e confortável, impondo-se a imitação de belezas desencarnadas de capas de revistas; os jovens se deparam com modelos ambíguos, que exigem físicos vigorosos e musculosos, mas com uma excessiva preocupação com a aparência.[3]

Um artigo publicado em 2002 no *British Journal of Psychiatry* por Anna E. Becker e outros quatro autores foi dedicado a este tema: comportamentos alimentares de meninas adolescentes das Ilhas Fiji após uma prolongada exposição à televisão.[4]

As mulheres das Ilhas Fiji (que formam um arquipélago da Oceania a sudoeste do Pacífico, com a maioria de sua população de origem melanésia) eram avantajadas. Cerca de três anos após a chegada da televisão, em 1995, muitos jovens passaram a adotar e difundir uma dieta, antes inexistente, que incluía o vômito induzido, envolvendo 11% deles.[5]

Toda a questão é exposta com clareza pelo já citado Massimo Cuzzolaro:

> Anorexia e bulimia estão ligadas a valores e conflitos específicos da cultura ocidental... A difusão destas patologias nos países do Leste Europeu, do Terceiro Mundo e entre os que imigram das nações pobres para as nações ricas parece estar relacionada à

---

3 Riva (org.), *L'autostima allo specchio: la prevenzione dei disturbi del comportamento alimentare in adolescenza*, p.121.
4 Ver Becker et al., Eating behaviors and attitudes following prolonged exposure to television among ethnic Fijian adolescent girls, *British Journal of Psychiatry*, 2002, 180, p.509-14.
5 www.trendystyle.it/notizie/60457/articolo.htm.

melhoria das condições econômicas e, mais ainda, aos processos de ocidentalização cultural. É preciso destacar que nos países mais pobres, junto com o aumento dos transtornos do comportamento alimentar, surgem casos de obesidade cada vez mais numerosos.[6]

O Women's Unit, um centro governamental para mulheres criado na Inglaterra de Tony Blair, nesse momento aliado à celebérrima e magérrima modelo Twiggy, pediu, em 2000, à indústria da moda, e particularmente aos estilistas, para colocar na passarela modelos menos magras, ameaçando, caso contrário, criar uma lei com esta finalidade. Twiggy (então com 50 anos) propôs impedir o acesso às passarelas de modelos menores de 16 anos. Referindo-se aos perigos que ameaçam tais garotas, Twiggy, com a sinceridade franqueada às grandes estrelas, afirmou que a moda "tinha se transformado numa indústria corrupta e até repugnante".[7]

O jornal *La Repubblica* de 9 de março de 2007 dedicou uma página inteira ao discurso pronunciado pelo presidente Giorgio Napolitano, por ocasião da outorga do título de "Cavaliere del Lavoro" a Elena Miroglio (da *maison* Elena Mirò), pelo seguinte motivo: "Por ter valorizado e difundido os cortes mais confortáveis, favorecendo a possibilidade de as mulheres se emanciparem dos modelos estéticos coercitivos". O título da página era o seguinte: "Napolitano: NÃO à magreza a qualquer custo". Aquele discurso suscitou unânimes e entusiásticas

---

6 Cuzzolaro, *Anoressie e bulimie*, p.39.
7 http://qn.quotidiano.net/2000/04/16/803920-Addio-baby--top.shtml.

aprovações. À cerimônia estava presente também a então ministra da Cultura, Giovanna Melandri. Poucos dias após aquela cerimônia, saiu o seu livro (em coautoria com Benedetta Silj) intitulado *Come un chiodo: le ragazze, la moda, l'alimentazione* [Como um palito: as jovens, a moda e a alimentação]. Fazia-se ali referência ao Manifesto Nacional de Autorregulamentação da Moda Italiana Contra a Anorexia, que tinha sido assinado em 22 de dezembro de 2006: "Um esforço conjunto entre o governo e o mundo da moda para uma parcial mas significativa ação de combate a doenças como a anorexia e a bulimia, cada vez mais difusas entre as jovens gerações".

Em *La Reppublica* de 14 de junho de 2009, noticiava-se que Alexandra Shulman, diretora da edição britânica da *Vogue*, havia enviado uma carta de protesto aos mais famosos *fashion designers* para que deixassem de produzir vestidos a serem usados apenas por mulheres às portas da anorexia. Naquela carta se revelava também, pela primeira vez, que algumas revistas de moda usavam um programa de retoque de imagens para fazer modelos magras parecerem mais gordas.

Renata Molho escreveu um texto muito interessante sobre este tema:

> Vestidas ou não, é sempre o mesmo: são delgadas, frágeis, altas e transparentes e parecem vir de um planeta sem gravidade, onde tudo é leve e belo, abstrato e inconsciente como uma brisa marinha... Um vestido é perfeito se não apresenta curvas, adquire vida com o movimento, mas não deve transpor obstáculos ao esvoaçar sobre o seio imaturo, sobre nádegas quase

imperceptíveis. Uma obsessão visível, uma magreza que leva ao aniquilamento total da corporalidade.[8]

Naquele momento era possível ser otimista: em Milão, a prefeita Letizia Moratti também tinha se posicionado abertamente sobre o tema. Havia boas razões para Renata Molho pensar que estivesse diante de um "movimento de conscientização em ascendência". Parecia (pensava ela) que "em meio às luzes do estonteante mundo da moda" tivesse surgido, finalmente, "o fantasma de um problema ético".

Mesmo quem não concorda com a severa e trágica opinião de Twiggy deve se dar conta de que se trata de um verdadeiro fantasma. Em 21 de setembro de 2010, foi publicado que, apesar de se fazer um grande alarde em torno do combate à anorexia e de se voltar a valorizar os corpos mais avantajados, "as mulheres ossudas que cabem perfeitamente dentro de um modelo número 40 voltaram definitivamente à moda".[9] *Definitivo* é um termo que os historiadores precisaram usar com muita cautela. Porém, basta visitar o site www.pinko.it para perceber imediatamente que a imagem (que povoou os jornais em agosto de 2010) da chamada menina-palito, ou modelo anoréxica, difícilmente desaparece.

Muitos filósofos, antropólogos e psicanalistas insistiram, nas últimas décadas, em apontar os efeitos deletérios provocados pela imagem de um corpo emagrecido que é divinizado como uma entidade a

---

8 *Il Sole 24 Ore della Domenica*, 31 dez. 2006.
9 www.onewoman.it/21/09/2010/il-marchio-elena-miro-
-escluso-dalle-sfilate-milanesi-stop-alle-modelle-dalla-44-
-in-su/.

ser alcançada, mas que se situa a uma distância infinita, tornando a façanha impossível. Em novembro de 2010 (mas a notícia chegou à imprensa apenas no dia 17 de dezembro) morreu, com 28 anos de idade, a modelo e atriz Isabelle Caro, protagonista de uma campanha contra a anorexia, em 2007, focada numa drámatica fotografia de Oliviero Toscani. Tinha adquirido a doença há treze anos. À época da fotografia tinha 1,64 metro de altura e pesava 31 quilos. Em uma entrevista, que pode ser encontrada na internet, tinha manifestado seu desprezo por quem considerava uma doença mental trágica como um "estilo de vida". Na verdade se trata, disse, de um inferno vivido diuturnamente.

Acredito que seja importante, antes de concluir, passar a palavra rapidamente àqueles que vivem esta experiência em primeira pessoa. Os textos seguintes foram extraídos de cartas escritas por jovens pacientes a Laura Dalla Ragione:

1. Já esperava. E aqui está. Este mês voltou meu ciclo. Odiei. Detestei. Primeira pessoa que encontro no dia: puxa, você engordou! Deixa pra lá, nem tinha percebido!! Isto é demais. Não consigo. Já pro quarto. Primeiro o armário, depois a parede e o piso, mais silenciosos. Você sofre, mas não percebe, ninguém percebe. Depois a lâmina mais penetrante e mais silenciosa. Tenho vontade de gritar. De quebrar tudo em dois, em cem pedaços, é assim que me sinto. Não quero me ver, não quero me ouvir; nem a voz, nem a respiração.

2. Há cinco anos me tornei obsessiva por comida, mas agora não aguento mais, não sei explicar o motivo,

a maioria das pessoas pensa que eu tenho uma vida perfeita, que não me falta nada, mas nem eu sei o que me falta, só sei que não tenho mais vontade de viver... há apenas um mês tinha 33 quilos e 1,53 de altura e com todos os esforços deste mundo engordei muito e cheguei novamente a 38-39 quilos. Não quero mais me pesar, tenho horror pela balança. "Como" cinco--seis ricotas ao dia com 400 gramas de bolachas, duas garrafas de 1,5 litros de iogurte branco com uma caixa de cereais todos os dias. Pus "como" entre aspas porque na verdade mastigo e cuspo durante toda a tarde, trabalho só de manhã, tenho muita vergonha, mas é como uma droga, procurei parar, mas não consigo, é mais forte do que eu... já faz duas semanas que minhas glândulas do pescoço e de detrás das orelhas estão inflamadas e doloridas e talvez por causa disso. Será que vocês podem me ajudar? Como? Há algum tempo meu terror era a recuperação, agora penso que seja minha salvação, lhes peço: por favor, não me deixem sozinha.

3. Comecei a vomitar o que comia. Não para perder peso ou qualquer outra coisa. Pelo simples gosto de cuspir fora aquele alimento que tanto odiava, que tinha tornado impossível a minha vida e que ainda detestava mais que qualquer outra coisa. Era uma bela sensação. Uma sensação de vitória, de força, de liberdade, de leveza... Achava que tinha me tornado invencível e insuperável. Conseguia controlar a comida, o meu corpo e "aparentemente" tudo ao meu redor; não era feliz, não me sentia bem: me sentia capaz. Mas em poucos dias a minha vida se transformou num pesadelo. O meu mundo, o meu amigo secreto, o meu refúgio se transformou em

uma armadilha: chegou assim, sem convite e sem aviso, a bulimia multi-impulsiva. Passava os dias me empanturrando, sem limites e sem controle. Tomava laxantes todos os dias (chegavam a 40 por dia), remedios anorexígenos e diuréticos (15/30 por dia – ao todo entre 50 e 80 comprimidos por dia). Agia sem consciência. Não controlava mais nem meu corpo nem minhas ações. Era como me observar atrás de um vidro. Queria parar, queria me ajudar, mas me sentia bloqueada. Tinha perdido o domínio de minha vida.

4. Uma garotinha de 15 anos escreveu em 2009: Eu não quero o mundo nem dinheiro, não quero nem que os outros se lembrem ou se esqueçam de mim, quero o meu presente, dado que o meu passado é como um espelho estilhaçado. Olho minhas feridas e digo: hoje isto não poderia ter acontecido; não devia vomitar, não devia me bater, nem me cortar e não devia transformar a minha tristeza em raiva.

Não há dúvidas sobre os desastrosos efeitos provocados entre adolescentes pelo ideal da magreza extrema tão propalado pela moda atual. Em outras palavras: não há quem afirme e quem negue a existência do problema. Existem apenas os que falam dele e os que não falam dele. Estes não só não falam, mas também gostariam que ninguém falasse e insistem em continuar a propor a imagem da mulher-aranha e da mulher-palito. Muitos se perguntaram: é possível pensar que no mundo da moda haja espaço para tratar de questões éticas ou vinculadas à consciência ou à responsabilidade que se deve assumir diante dos outros? Diante do que vi e do que li, acredito que não. É por isso que nutro um sentimento muito parecido à inveja de todos aqueles que, diversamente de mim e de tantos outros, creem na existência de um Tribunal Supremo diante do qual, após essa vida terrena, seriam chamados a responder e a pagar um alto preço por seus pecados todos os que ofenderam seres inocentes e provocaram dores injustas.

Referências bibliográficas

APPLEBAUM, A. *Gulag*. Storia dei campi di concentramento sovietici. Milão: Mondadori, 2004.
ARIÈS, P. *I figli di McDonald's*: la globalizzazione dell'hamburger. Bari: Dedalo, 2000.
BECKER, A. E. et al. Eating behaviors and attitudes following prolonged exposure to television among ethnic Fijian adolescent girls. *British Journal of Psychiatry*, 180, p.509-14, 2002.
BECKER, J. *La rivoluzione della fame*. Cina 1958-1962: la carestia segreta. Milão: Il Saggiatore, 1998.
BELL, R. M. *La santa anoressia*. Digiuno e misticismo dal Medioevo a oggi. Roma/Bari: Laterza, 1987.
BENEDICT, R. *Modelli di cultura*. Milão: Feltrinelli, 1960. [Ed. bras.: *Padrões de cultura*. São Paulo: Vozes, 2013.]
BERIZZI, P. Pasta, sugo e mozzarella, 60 miliardi mangiati dal finto made in Italy. *La Repubblica*, 3 set. 2010.
BIANCHI, E. Ha ancora senso il digiuno? *Avvenire*, 8 mar. 2009.
BIANCHINI, P.; DALLA RAGIONE, L. *Il cuscino di Viola*. Dal corpo nemico al corpo consapevole. Reggio Emilia: Diabasis, 2006.
BIASIN, G.-P. *I sapori della modernità*. Cibo e romanzo. Bolonha: Il Mulino, 1996.

BORSELLO, O.; DI FRANCESCO, V. *L'alimentazione*. Bolonha: Il Mulino, 2007.

BOURDIEU, P. *La distinzione*. Critica sociale del gusto. Bolonha: Il Mulino, 2001. [Ed. bras.: *A distinção: crítica social do julgamento*. São Paulo/Porto Alegre: Edusp/Zouk, 2007.]

BRATMAN, S. *Health Food Junkies*. Overcoming the Obsession with Healthful Eating. Nova York: Broadway Books, 2000.

BRUNCH, H. *The Golden Cage*. Cambridge (Mass.): Harvard University Press, 1978.

BYNUM, C. W. *Sacro convivio, sacro digiuno*: il significato religioso del cibo per le donne del Medioevo. Milão: Feltrinelli, 2001.

CALVINO, I. *Sotto il sole giaguaro*. Milão: Mondadori, 2002. [Ed. bras.: *Sob o sol jaguar*. São Paulo: Companhia das Letras, 1995.]

_____. *Il paese della fame*. Bolonha: Il Mulino, 1978.

_____. *Il pane selvaggio*. Bolonha: Il Mulino, 1980. [Ed. portuguesa: *O pão selvagem*. Lisboa: Estampa, 1990.]

_____. *La terra e la luna*. Milão: Il Saggiatore, 1989.

_____. *Le officine dei sensi*. Milão: Garzanti, 1985.

CANTARELLA, G. M. Cosa bolle in pentola. *Medioevo*, p.62-6, fev. 2002.

_____. M. *Principi e corti*. L'Europa del XII secolo. Turim: Einaudi, 1997.

CASAGRANDE, C.; VECCHIO, S. *I sette vizi capitali*. Storia dei peccati nel Medioevo. Turim: Einaudi, 2000.

CIPOLA, C. M. *Contro un nemico invisibile*. Epidemie e strutture sanitarie nell'Italia del Rinascimento. Bolonha: Il Mulino, 2007.

_____. *Saggi di storia economica e sociale*. Bolonha: Il Mulino, 1988.

_____. *Storia economica dell'Europa pre-industriale*. Bolonha: Il Mulino, 2009.

CLÉMENT, C. *Lévi-Strauss*. Roma: Meltemi, 2004.

CONTI, P. C. *La leggenda del buon cibo italiano e altri miti alimentari contemporanei*. Roma: Fazi, 2008.

CORBELLINI, G. *Breve storia dele idee di salute e malattia*. Roma: Carocci, 2004.

COUNIHAN, C. M. *The Anthropology of Food and Body*. Gender, meaning and power. Londres/Nova York: Routledge, 1999.

CUZZOLARO, M. *Anoressie e bulimie*. Bolonha: Il Mulino, 2004.

CUZZOLARO, M.; PICCOLO, F.; SPERANZA, A. M. *Anoressia, bulimia, obesità*: disturbi dell'alimentazione e del peso corporeo da 0 a 14 anni. Roma: Carocci, 2009.

DA CAPUA, R. *Vita Catharinae Senensis. Acta Sanctorum*, 163, p.903.

DALLA RAGIONE, L. *La casa delle bambine che non mangiano*: identità e nuovi disturbi del comportamento alimentare. Roma: Il Pensiero Scientifico, 2005.

DALLA RAGIONE, L.; DALLA RAGIONE, I. *Arboreal Archaeology*. A diary of two fruit explorers. Perugia: Ali&No, 2008.

DE CONCILIIS, E. Nutrirsi dell'altro. Viaggio antropologico nell'inconscio alimentare. In: COPPOLA, B.; D'ALCONZO, P.; DE CONCILIIS, E. *L'albero della cuccagna. Il cibo e la mente*. Nápoles: Cuen, 1977.

DE SIENA, C. *Lettere*. 6 v. Editado por P. Misciatelli. Sena: Giuntini e Bentivoglio, 1913-1922.

DI MAIO, M. *Il cuore mangiato*: storia di un tema letterario dal Medioevo all'Ottocento. Milão: Guerini e Associati, 1996.

DOUGLAS, M. *Antropologia e simbolismo*. Bolonha: Il Mulino, 1985.

FAETA, F. La rappresentazione del sangue in un rito di flagellazione a Nocera Terinese. Scrittura, teatro, imagine. In: SCHIAVONI, G. (Ed.). *Il piacere della paura*. Dracula e il crepuscolo della dignità umana. Turim: Edizioni dell'Orso, 1995.

FISCHLER, C. *L'onnivoro*. Il piacere di mangiare nella storia e nella scienza. Milão: Mondadori, 1992.

FREUD, S. *Opere*. Turim: Boringhieri, 1982.

_____. *Totem e tabu*. Contribuição à história do movimento psicanalítico e outros textos. São Paulo: Companhia das Letras, 2012. [Ed. bras.]

GEHLEN, A. *L'uomo, la sua natura e il suo posto nel mondo*. Milano: Feltrinelli, 1983.

GIOVANNINI, F. *Il libro dei vampiri*: dal mito di Dracula alla presenza quotidiana. Milão: Dedalo, 1997.

GIULIANI, V. *Il Diario*. Sena: Edizioni Cantagalli, 2002.

_____. *Il mio calvario*. Autobiografia. Notas histórico-críticas de P. Pietro Pizzicaria. Città di Castello: Monastero delle Cappuccine, 1976.

GLABER, R. *Historiae*. Org. H. Prou. Paris, 1886.
GOODY, J. *Food and Love*. A cultural history of East and West. Nova York/Londres: Verso, 1998.
GORI, N. Il digiuno e le religioni. *L'Osservatore Romano*, 6 mar. 2009.
GRAY, P. *The Irish Famine*. Londres: Thames & Hudson, 1995.
GRMEK, M. D. *Le malattie all'alba della civiltà occidentale*. Bolonha: Il Mulino, 2011.
GROSSMAN, V. *Tutto scorre...*. Milão: Adelphi, 1987.
GUIGONI, A. Food, drink and identity. *Europaea*, VII, 1-2, p.209-211, 2001.
_____. Per una etnografia del quotidiano. Disponível em: www.fortepiano.it/PagineDelTempo/Materiali/pdt-mat027.htm.
HARRIS, M. *A natureza das coisas culturais*. Rio de Janeiro: Civilização Brasileira, 1968. [Ed. bras.]
HOBBES, T. *Leviatano*. Roma/Bari: Laterza, 1974. [Ed. bras.: *Leviatã ou A matéria, forma e poder de um estado eclesiástico e civil*. São Paulo: Ícone Editora, 2000.]
HOLLEY, A. *Il cervello goloso*. Turim: Bollati Boringhieri, 2009.
_____. *Le Cerveau gourmand*. Paris: Odile Jacob, 2006.
INTROVIGNE, M. *Cattolici, antisemitismo e sangue*. Il mito dell'omicidio ritual. Milão: Sugarco, 2004.
_____. *La stirpe di Dracula*. Indagine sul vampirismo dall'antichità ai nostri giorni. Milão: Mondadori, 1997.
JESI, F. *L'accusa del sangue*: il processo agli ebrei di Damasco; metamorfosi del vampiro in Germania. Milão: Comunità, 1973.
_____. *Ripensare l'accusa del sangue*. La machina mitologica antissemita. Turim: Bollati Boringhieri, 2007.
JUNG, C. *Cigni selvatici*. Milão: Longanesi, 1994. [Ed. bras.: *Cisnes selvagens*: três filhas da China. São Paulo: Companhia das Letras, 1994.]
KARA, J. *L'adorazione*. Napoli: Pironti, 1985.
KASS, L. R. *The Hungry Soul*. Eating and the perfection of our nature. Nova York: The Free Press, 1994.
LAING, R. *La politica dell'esperienza*. Milão: Feltrinelli, 1968.
_____. *Nodi*. Torino: Einaudi, 1974.
LANKAVATARA SUTRA: a Mahayana text. Translated for the first time from the original sanskrit by Daisetz Teityaro Suzuki. Disponível em: http://lirs.ru/do/

lanka_eng/Lankavatara_Suzuki,Mahayana,Routledge_ 1956,161pp.pdf. Acesso em: 3 jun. 2014.

LAPLANCHE, J.; PONTALIS, J.-B. *Enciclopedia della psicoanalisi*. Roma/Bari: Laterza, 1981. [Ed. bras.: *Vocabulário de psicanálise*. São Paulo: Martins Fontes, 1998.]

LÉVI-STRAUSS, C. *Le Cru et le cuit*. Paris: Plon, 1964. [Ed. bras.: *Mitológicas I – O cru e o cozido*. Rio de Janeiro: Cosac Naify, 2004.]

LEWIN, A. *Una coppa di lacrime*: diario del ghetto di Varsavia. Milão: Il Saggiatore, 1993.

LIVI BACCI, M. *Popolazione e alimentazione*. Saggio sulla storia demografica europea. Bolonha: Il Mulino, 1987.

LOMBARDI, P. *Streghe, spettri e lupi mannari*. "L'arte maledetta" in Europa tra Cinquecento e Seicento. Turim: Utet Libreria, 2008.

MANIN, G. Tra macumbe e cannibalismo, ecco l'appetito di Rabelais. *Corriere della Sera*, 19 abr. 1996.

MARQUARD, O. *Apologia del caso*. Bolonha: Il Mulino, 1991.

MARTINOTTI, G. La Erancia rimanda a casa il giapponese cannibal. *La Repubblica*, 22 mai. 1984.

MARX, K. *Il capitale*. 3v. Roma: Editori Riuniti, 1970. [Ed. bras.: *O capital*. São Paulo: Boitempo, 2013.]

MARX, K.; ENGELS, F. *Opere scelte*. Editado por Luciano Gruppi. Roma: Editori Riuniti, 1971.

MELANDRI, G.; SILJ, B. *Come un chiodo*: le ragazze, la moda, l'alimentazione. Roma: Donzelli, 2007.

MIGGIANO, G. *Obesità*: una silenziosa epidemia. Entrevista de E. Micucci. 1º dez. 2010. Disponível em: www.romasette.it.

MILES, J. *La zattera della Medusa*. Roma: Nutrimenti, 2010.

MONFREDINI, L. *Il cannibalismo*. Milão: Xenia, 2002.

MONTAIGNE, M. *Saggi*. Editados por E. Garavini. Milão: Mondadori, 1970.

MONTANARI, M. *Convivio oggi*. Storia e cultura dei piaceri della tavola nell'età contemporanea. Roma/Bari: Laterza, 1992.

_____. *La fame e l'abbondanza*. Storia dell'alimentazione in Europa. Roma/Bari: Laterza, 1993

_____. *Nuovo convivio*. Storia e cultura dei piacere della tavola nell'età moderna. Roma/Bari: Laterza, 1991.

MONTANARI, M.; CAPATTI, A. *La cucina italiana*. Storia de uma cultura. Roma/Bari: Laterza, 2005.

MÜLLER, H. *L'altalena del respiro*. Milão: Feltrinelli, 2010.
MÜLLER, K. E. *Piccola etnologia del mangiare e del bere*. Bolonha: Il Mulino, 2005.
MUZZARELLI, M. G.; TAROZZI, F. *Donne e cibo*. Una relazione nella storia. Milão: Bruno Mondadori, 2003.
PANKHURST, S. *The Suffrage Movement*: an intimate account of persons and ideals. Londres: Virago, 1991.
PARRADO, N.; RAUSE, V. *Milagre nos Andes*. Rio de Janeiro: Objetiva, 2006. [Ed. bras.]
PASOLINI, P. P. *Il perché di questa rubrica, ora in "Il caos"*. Roma: Editori Riuniti, 1979.
_____. Il vuoto di potere in Italia. *Corriere della Sera*, 1º fev. 1975.
_____. Poesie e appunti per un dibattito dell'Unità. *Paese Sera*, 5 jan. 1974.
_____. Predicano in un deserto i profeti dell'Apocalisse. *Il Tempo*, 6 dez. 1974.
PATEL, R. C. *Stuffed and Starved:* markets, power and the hidden battle for the world food system. Londres: Portobello, 2008.
PINCHERLE, M. C.; FINAZZI-AGRÒ, E. (Eds.). *La cultura cannibale*. Oswald de Andrade: da "Pau-Brasil" al "Manifesto antropofago". Trad. e notas Maria Caterina Pincherle, posfácio de Ettore Finazzi-Agrò. Roma: Meltemi, 1999.
PLATANIA, C. *Labirinti del gusto*: dalla cucina degli dei all'hamburger di McDonald. Bari: Dedalo, 2008.
POLLAN, M. *Il dilemma dell'onnivoro*. Milão: Adelphi, 2008.
RECALCATI, M. Fame, sazietà e angoscia. *Kainos*, n.7, 2007. "Fame/sazietà". Disponível em: www.kainos.it/numero7/ricerche/recalcati.html. Acesso em: 3 jun. 2014.
_____. *L'ultima cena: anoressia a bulimia*. Milão: Bruno Mondadori, 2007.
REINHARD, K. J. La leggenda dei pueblo cannibali. *Darwin*, 17, p.44-54, jan.-fev. 2007. (Publicado originalmente em *American Scientist*, v.94, p.254-261, 2006.)
REMOTTI, R. *Prima lezione di antropologia*. Roma/Bari: Laterza, 2000.
RIGOTTI, F. *Gola*. La passione dell'ingordigia. Bolonha: Il Mulino, 2008.
RIVA, E. (Org.). *L'autostima allo specchio*: la prevenzione dei disturbi del comportamento alimentare in adolescenza. Milão: Franco Angeli, 2007.

ROLAND, C. *Courage Under Siege*. Oxford: Oxford University Press, 1992.

RUSSELL, S. A. *Fame. Una storia innaturale*. Turim: Codice, 2006.

SALA, F. *Gli OGM sono davvero pericolosi?* Roma/Bari: Laterza, 2005.

SALISBURY, H. E. *I novecento giorni*: assedio di Leningrado. Milão: Bompiani, 1969.

SALOMOV, V. *I racconti della Kolyma*. Milão: Adelphi, 1995.

SALVATORI, F. M. *Vita di Santa Veronica Giuliani, abbadessa delle cappuccine in Santa Chiara di Città di Castello*. Roma: Tipografia Salvateci, 1839.

SCHMITT, J.-C. *Les Revenants*. Les Vivant et les morts dans la société medievale. Paris: Gallimard, 1994.

SCHOLLIERS, P. (Org.). *Food, Drink and Identity*. Oxford: Berg, 2001.

SOLŽENICYN, A. *Arcipelago Gulag*. Milão: Mondadori, 1973.

SOLOMON, C. G.; MANSON, J. E. Obesity and mortality: a review of the epidemiologic data. *The American Journal of Clinical Nutrition*, 66, 1997 (suplemento).

SORCINELLI, P. Breve storia sociale dell'alimentazione. Disponível em: www.tumangiabene.it/approfondirea.htm.

_____. *Gli italiani e il cibo*. Dalla polenta ai cracker. Milão: Bruno Mondadori, 1999 (1.ed. 1992).

_____. *Miseria e malattie nel XIX secolo*. I ceti popolari nell'Italia centrale fra tifo petecchiale e pellagra. Milão: Angeli, 1979.

_____. *Nuove epidemie antiche paure*. Uomini e colera nell'Ottocento. Milão: Angeli, 1986.

_____. *Regimi alimentari, condizioni igieniche, epidemie nelle Marche dell'Ottocento*. Urbino: Argalia, 1977.

SULLOWAY, F. J. *Freud biologo della psiche*: al di là della legenda psicoanalitica. Milão: Feltrinelli, 1982.

SWIFT, J. *Una modesta proposta e altre satire*. Milão: Rizzoli, 1997. [Ed. bras.: *Modesta proposta e outros textos satíricos*. São Paulo: Editora Unesp, 2005.]

TARADEL, R. *L'accusa del sangue*: storia politica di un mito antisemita. Roma: Editori Riuniti, 2002.

TAUBES, G. The soft science of dietary fat. *Science*, 291, p.2536, 2001.

TOAFF, A. *Il vino e la carne*. Una comunità ebraica nel Medioevo. Bolonha: Il Mulino, 1989.

_____. *Pasque di sangue*. Ebrei d'Europa e omicidi rituali. Bolonha: Il Mulino, 2008.

_____. *Mangiare alla giudia*. Cucine ebraiche dal Rinascimento all'età moderna. 11.ed. Bolonha: Il Mulino, 2011.

VAN DETH, W. V. R. *Dalle sante ascetiche alle ragazze anoressiche*: il rifiuto del cibo nella storia. Milão: Cortina, 1995.

VERNON, J. *Hunger*: a modern history. Cambridge (Mass.): Belknap, 2007.

VV. AA. Il cibo e l'impegno, partes 1 e 2. *I quaderni di MicroMega*, Suplementos do n.4 e do n.5 de 2004.

WERTH, N. *L'isola dei cannibali. Siberia, 1933*: una storia dì orrore all'interno dell' arcipelago gulag. Milão: Corbaccio, 2007.

WOODHAM-SMITH, C. *The Great Hunger*: Ireland 1845-49. Londres: Penguin, 1962.

ZARRI, A. Cibo e cristianesimo. *I quaderni di MicroMega*, suplemento do n. 5, p.38-40, 2004.

ZUCCO, G. M. Anomalies in cognition: olfactory memory. *European Psychologist*, v.8, p.78-86, jun. 2003.

Índice onomástico

Abbagnano, N., 20
Acosta, J., 76
Agostinho de Hipona, 9, 36
Agrippa, E. C., 46
Andrade, O. de, 81
Andrônico I Comneno, imperador, 83
Applebaum, A., 66
Ariès, P., 110, 111
Aristóteles, 20
Axel, R., 132

Barcellona, P., 108
Bartolozzi, G., 16
Baudelaire, C., 141
Becker, A. E., 155
Becker, J., 65
Bell, R. M., 45, 50
Benedict, R., 25
Bento XVI (J. A. Ratzinger), 38, 43
Berizzi, P., 114
Bernardo de Claraval, 46
Bianchi, E, 39
Bianchini, P., 151

Biasin, G. P., 108
Bizzarri, C., 9
Blair, T., 156
Blake, W, 76
Boccaccio, G., 84
Bodin, J., 92
Bondì, R., 16
Bonino, E., 27
Borges, J. L., 9
Borsello, O., 136, 137
Bourdieu, P., 32
Brandes, B., 88
Bratman, 105
Brini, M., 16
Brunch, H., 149
Bruno, G., 46, 142
Buck, L., 132
Bynum, C. W, 45, 46, 49, 50

Calmet, A., 96
Calvino, I., 80, 99
Campanella, T., 46
Camporesi, P., 30, 123
Cantarella, G., 84
Capatti, A., 31

Capua, R. da, 49
Carlos V de Habsburgo, imperador do Sacro Império Romano, 139
Caro, I., 159
Casagrande, C., 48
Catarina de Siena, 46, 48
Cellini, B., 141
Chikatilo, A., 89
Cipolla, C. M., 58, 59, 60
Clément, C., 85
Colombo, C., 75, 76
Cometa, M., 96
Conti, P. C., 114
Coppola, B., 16
Coppola, F, 93
Corbellini, G., 153
Counihan, C. M., 32
Croce, B., 42
Cuzzolaro, M., 154, 155, 156

Dahmer, J., 87
D'Alconzo, P., 16
Dalla Ragione, L., 151, 159
Dallington, R., 59
Dante Alighieri, 48, 76
Darwin, C., 119
D'Ascesi, Gabriele, 83
D'Ascesi, Gugliemo, 83
De Conciliis, E, 16
De Martino, E, 26
De Mauro, T., 13, 20
Della Porta, G., 46
Di Francesco, V., 136, 137
Di Maio, M., 84
Diderot, D., 96
Djalma Vitali, E., 136
Douglas, M., 33

Engels, F., 113
Estrabão, 75

Faeta, E, 94
Farinas, G., 72
Finazzi-Agrò, E., 81
Fischler, C., 32

Flores d'Arcais, A., 144
Fornari, F., 11
Francisco de Assis, 48
Freud, S., 78, 79, 108, 151

Gandhi, M. K., 70, 71
Gehlen, A., 118
Géricault, T., 86
Gerson, M., 46
Giovannini, F., 99
Glaber, R., 58
Goody, J., 33
Goya, F. J., 15, 76
Gray, P., 63
Graziano, A., 16
Gregório de Tours, 58
Grimm, J. L. K., 76
Grmek, M. D., 141
Grossman, V., 54
Guigoni, A., 103, 104

Haeckel, E., 79
Harris, M., 23, 30
Heródoto, 75
Hill, A., 105
Hobbes, T., 115
Holley, A., 131, 133, 134, 135, 137, 138
Homero, 75
Hopkins, A., 87

Ibsen, H., 141
Introvigne, M., 96, 99

Jaime I Stuart, rei da Inglaterra, 92
Jesi, F., 94, 100
João Crisóstomo, 46
João de Aragão, duque de Atenas, 83
João Paulo II (K. J. Wojtyla), 38
Jung, Chang, 65, 66, 85

Kara, J., 89
Kass, L. R., 31

Laing, R., 142
Lampugnani, A., 83
Laplanche, J., 79, 80
Lenin (V. Uljanov), 112
Lévi-Strauss, C., 29, 84
Lewin, A., 61
Livi Bacci, M., 31
Illich, I., 117
Lombardi, P., 91
Lucrécio Caro, T., 21

Magris, C., 127
Manin, C., 82
Manson, J. E., 137
Mao Tsé-tung, 65
Marchionne di Coppo Stefani, 59
Marquard, O., 118, 119
Martinotti, G., 89
Marx, K., 99, 013, 111, 113
Maupassant, G. de, 141
McLuhan, M., 112
Meiwes, A., 87, 88
Melandri, G., 157
Meyer, S., 98
Miggiano, G., 137
Miles, J., 86
Miroglio, E., 156
Molho, R., 157, 158
Monfredini, L., 81
Montaigne, M. de, 77, 78
Montanari, M., 31
Monti Rossi, M., 16
Moratti, L., 158
Müller, H., 53, 56
Müller, K. E., 29
Murnau, F. W., 96
Muzzarelli, M. G., 83

Napolitano, G., 156
Nicasi, S., 16
Nietzsche, F., 141
Novalis (F. von Hardenberg), 140

Otelma (M. A. Belelli), 46

Ovídio Nasone, Públio, 76

Paci, E., 11
Pankhurst, S., 69, 70
Paracelso (T. B. von Hohenheim), 46, 77
Paroni de Castro, M., 82
Parrado, N., 87
Pasolini, P. P., 99, 116, 117, 118
Patel, R. C., 108, 109, 110
Paulo de Tarso, 48
Paulo VI (G. B. Montini), 38
Piccolo, F., 154
Picozzi, M., 89
Pincherle, M. C., 81
Pirandello, L., 142
Platania, G., 108
Platão, 141
Plínio, o Velho, 75
Pollan, M., 108
Polo, M., 76
Pontalis, J.-B., 80
Prou, H., 58
Ptolomeu, Cláudio, 75

Randone, V., 41
Recalcati, M., 150, 151
Reinhard, K. J., 83
Remotti, E., 27
Riario, G., 84
Rigotti, F., 135
Riva, E., 155
Roland, C., 61
Ruini, Cardeal, 38
Russell, S. A., 38, 55, 56, 62, 63, 64, 71, 72

Sagawa, I., 88
Sala, F., 128
Salisbury, H. E., 85
Salomov, V., 66, 67
Salvatori, F. M., 51
Sands, R. G., 72
Santonastaso, P., 45
Schiavoni, G., 94

Schmitt, J. C., 93
Scholliers, R., 32
Schubert, F., 141
Segala, M., 16
Sen, A., 66
Sepúlveda, J. G. de, 77
Sforza, G. M., 84
Shakespeare, W., 78
Shulman, A., 157
Silj, B., 157
Solomon, C. G., 137
Solženitcyn, A., 66
Sorcinelli, P., 126, 124, 125, 126
Speranza, A. M., 154
Stálin (I. V. Dzugasvili), 63
Stein, J., 61
Stoker, B., 96
Sulloway, E., 79
Swift, J., 78
Tagore, R., 70
Taradei, R., 94
Tarozzi, F., 83
Taubes, G., 138
Tauler, J., 46

Taylor, E., 146
Thatcher, M., 72
Toaff, A., 94
Tomás de Aquino, 47, 48
Toscani, O., 159
Twiggy Lawson (L. Hornby), 156, 158

Van Deth, R., 45
Vandereycken, W., 45
Vanderpyl, D. G., 64
Vecchio, S., 48
Vernon, J., 63
Veronica Giuliani, santa, 50, 51
Vico, G., 128
Voltaire (F.-M. Arouet), 96

Wallace Dunlop, M., 69
Werth, N., 85
Woodham-Smith, C., 63

Yourcenar, M., 16

Zarri, A., 10, 40, 41, 42
Zucco, G. M., 135

SOBRE O LIVRO

Formato: 12 x 21 cm
Mancha: 18,5 x 44,5 paicas
Tipologia: Iowan Old Style 10/14
Papel: Off-white 80 g/m² (miolo)
Cartão Supremo 250 g/m² (capa)
1ª edição: 2014

EQUIPE DE REALIZAÇÃO

Capa
Estúdio Bogari

Edição de texto
Fábio Bonillo (Copidesque)
Nair Hitomi Kayo (Revisão)

Editoração eletrônica
Sergio Gzeschnik (Diagramação)

Assistência editorial
Jennifer Rangel de França

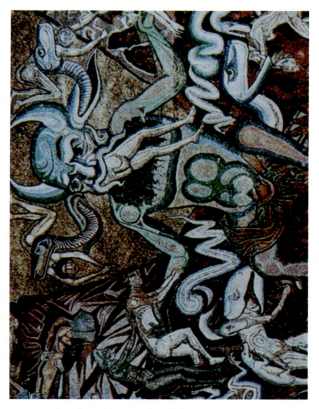

1. Coppo di Marcovaldo. *Juízo final (Inferno)*, 1270-1290. Florença, Batistério de San Giovanni.

2. Ambrósio Lorenzetti. *Nossa Senhora amamentando*, 1320-30. Siena, Palácio do Arcebispado.

3. Leonhard Kern. *Mulher canibal*, ca. 1650. Stuttgart, Museu do Estado de Württemberg.

4. Honorio Philopono (Caspar Plautius). *Cena de adoração do diabo* (*Nova typis transacta navigatio*, 1621).

5. Pieter Paul Rubens. *Saturno devorando seu filho*, 1636. Madri, Museu do Prado.

6. Hansel, Gretel e a bruxa (selo alemão de 1961).

7. Théodore Géricault. *A balsa de Medusa*, 1819. Paris, Museu do Louvre.

8. Os sobreviventes do desastre aéreo dos Andes, 1972.

9. John Robinson, foto de Charles Eisemann, ca. 1870.

10. Duane Hanson. *Mulher comendo*, 1971, escultura em resina poliéster.

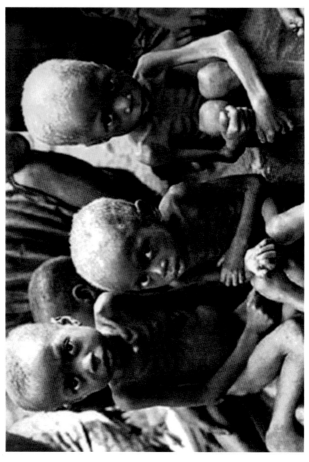

11. Campanha "Every One" da Save the Children contra a desnutrição, 2009.

12. Anoréxica.

13. Armin Meiwes, o canibal de Rotenburg.

14. *Um lobisomen americano em Londres*, de John Landis, 1981.

15. *Sushi*: a comida entre a moda e a estética.

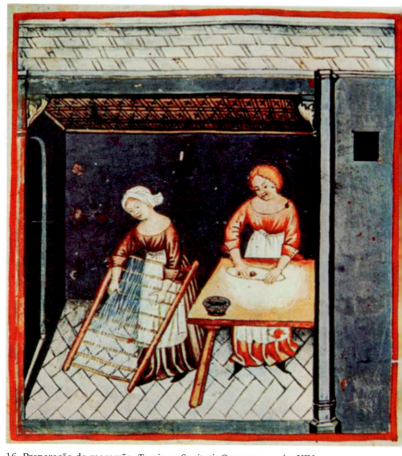

16. Preparação do macarrão. *Tacuinum Sanitatis Casanatense*, séc. XIV.

17. Abundância e otimismo na culinária com o maçante casal anos 1950.

18. Arcimboldo. *Priapo (Ortolano)*, ca. 1590. Cremona, Museu Cívico Ala Ponzone (no detalhe, a obra de ponta-cabeça).